HEIDE HUBER

PROJEKTMAPPE
DIE RÖMERZEIT

Verlag an der Ruhr

IMPRESSUM

Titel   Projektmappe: Die Römerzeit

Autorin   Heide Huber

Druck   Druckerei Uwe Nolte, Iserlohn

Verlag   Verlag an der Ruhr
Postfach 10 22 51, 45422 Mülheim an der Ruhr
Alexanderstr. 54, 45472 Mülheim an der Ruhr
Tel.: 02 08 – 439 54 50, Fax: 02 08 – 439 54 39
E-Mail: info@verlagruhr.de
www.verlagruhr.de

ISBN 3-86072-591-2
© Verlag an der Ruhr 2001

Die Schreibweise der Texte folgt
der reformierten Rechtschreibung.

*Wir haben versucht, sämtliche Inhaber
von Bildrechten ausfindig zu machen.
Inhaber von Bildrechten, die wir nicht
ausfindig machen konnten, bitten wir,
sich beim Verlag zu melden.*

Gedruckt auf chlorfrei gebleichtes Papier.

INHALTSVERZEICHNIS

METHODISCH-DIDAKTISCHE VORBEMERKUNGEN

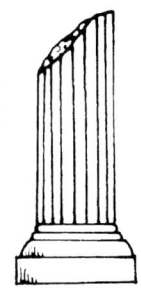

ZUM GEBRAUCH DER PROJEKTMAPPE

Mit dem umfangreichen Bildmaterial und den informativen Texten können Sie mit Ihren SchülerInnen die wichtigsten Aspekte der römischen Kultur handlungsorientiert erschließen. Den Schluss bildet ein Geschichtsüberblick zur Wiederholung/ Festigung: *„reimen und rappen – statt testen“*.

GLIEDERUNG DER KAPITEL

Die Kapitel sind durchgängig nach dem folgenden System aufgebaut:

EINSTIEG

1. **Verbale Motivation** durch
   - direkte Ansprache und Animation *„Macht doch mal …!“*,
   - Ankündigung interessanter Aktionsmöglichkeiten.
2. **Visuelle Motivation** durch ein ästhetisch ansprechendes und zugleich informatives Bild. Diese erste Abbildung können Sie für einfache Aufgaben nutzen (z.B. visuell-haptisches Lernen durch Buntmalen). Darüber hinaus kann dieses Themabild vielseitig verwendet werden: für Plakate, Einladungen, Raum-Dekoration, als „Schnippel-Buch“ für Montagen, als Grundlage für ganz andere eigene Illustrationen – je nach künstlerischer Fähigkeit der SchülerInnen.

▶

Miniaturbühne mit römischer Wandmalerei (s. S. 57/58)

3. **Aktiver Einstieg ins Thema:** Bildmaterial mit kurzen Anweisungen zum Beobachten, Beschreiben, Vergleichen u.Ä. (für ca. eine Doppelstunde). Die Themen Nahrung und Theater sind in zwei Stufen unterteilt. Hier können Sie den geeigneten Schwierigkeitsgrad für Ihre Gruppe wählen.

INFO

4. **Sachinformationen:** In höheren Klassen soll der Text von allen Schülern gelesen oder arbeitsteilig in Referaten wiedergegeben werden. Bei jüngeren Schülern und bei Zeitnot referiert der Projektleiter den Inhalt. Bei den geteilten Themen finden Sie den Informationstext jeweils im anspruchsvolleren zweiten Projekt.

GESTALTUNGSHINWEISE

5. **Arbeitsmaterialien für die Kinder,** z.B. Nähanleitungen mit Schnittskizzen, Kochrezepte, Mal- und Bastelanleitungen u.Ä. Integriert sind Kurzinformationen zum Thema. Die Aufgaben sind so gewählt, dass auch künstlerisch weniger Begabte präsentable Ergebnisse erreichen und so zu Erfolgserlebnissen gelangen können. Beliebte Arbeitsformen wie Verkleiden, Malen, Kochen werden besonders ausführlich behandelt.

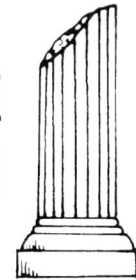

TIPPS

**6. Eine Ideensammlung
zum jeweiligen Projektthema.**

Dieser Abschnitt ist in erster Linie für
die ProjektleiterInnen gedacht, er kann
in höheren Klassenstufen aber auch als
Schülermaterial benutzt werden.
(Die Kinder entwickeln die Vorschläge in
einem „Brainstorming" für ihr konkretes
Projekt weiter. 1 Std.)
Hervorhebungen dienen dem schnellen
Überblick: Am *Fettdruck* können Sie schon
beim Überfliegen die *Arbeitsformen* erkennen und entscheiden, welche für Ihr Fach,
für Ihre Gruppe in Frage kommen.
Am Anfang der Sammlung stehen
jeweils *einfache Aufträge* (1/4–1/2 Std.
Stillarbeit oder Hausaufgabe).
Es folgen mehrere *Kurzprojekte* in unterschiedlichen Arbeitsformen, die aus dem
jeweiligen Schülermaterial entwickelt
werden können (1 Std.–Doppelstunde,
evtl. mit gestalterischer Hausaufgabe.
Unterrichtsgespräch/Partner-/Gruppen-
arbeit).
Diese kurzen Einheiten können (fast)
alle zu *komplexeren Projekten* ausgebaut
werden (1 Woche–1/2 Jahr Arbeit in Teams,
am besten fächerübergreifend).
So kann aus zehn Minuten Rollenspiel,
ausprobiert am Ende einer Schulstunde,
der Plan entstehen, ein ganzes Theaterstück
zu schreiben und mit römischem Bühnen-
bild auszustatten.
Zu jedem Römerprojekt sollte auch ein
Museumsbesuch gehören. Dieser sollte
nach der fachlichen Einführung und
vor der kreativen Umsetzung stattfinden.
Dank ihres Vorwissens können die Kinder
dann projektrelevante Details entdecken und
die wichtigen Fragen an die (Museums-)
Pädagogen stellen. Ein unvorbereiteter
Museumsbesuch ist weniger effektiv,

denn „man sieht nur, was man weiß".
Viele Museen bieten inzwischen Schüler-
materialien zu den wichtigen Themen,
z.B. in Köln, Augsburg, Augst, Berlin,
München, Regensburg, Xanten.
Am Ende eines jeden Kapitels – integriert
in den Abschnitt „Tipps" – findet sich ein
„Forschungsauftrag" mit den Lernzielen:
Informationen aufnehmen, recherchieren
in Schul- und Stadtbücherei, Ergebnisse
präsentieren.
Die angegebenen Bücher sind meist
ab der 7./8. Klasse empfehlenswert,
bei den einfachen Projektformen für Schüler
ab der 6. Klasse. Für die Jüngeren sollten
einige Jugendbücher bereitstehen:
z.B. *Anne Millard „Das war Rom",
Ravensburg TB 3020 (ISBN 3-473-53020-4,
auch lateinisch als „Ecce Roma")*
oder *Ernst Künzl „Das alte Rom"
(Tessloff, „Was ist was?"
Bd. 55, ISBN 3-7886-0295-3).*
Empfehlenswert wegen der fachlichen
Kompetenz und der einzigartigen Illustra-
tionen sind ferner alle Bücher von *Peter
Connolly,* auch wenn sie nicht direkt das
Thema betreffen (mehrere bei Tessloff).
Eine umfangreiche kommentierte
Literaturliste „Römerreport" können
Sie bestellen bei der Museumsbuchhandlung
Kösel im Römisch-Germanischen Museum,
Roncalliplatz 2–4, 50667 Köln.

◀ *Museums
besuch*

METHODISCH-DIDAKTISCHE VORBEMERKUNGEN

DAS BAUKASTENPRINZIP

Die Projektmappe ist nach dem Baukasten-
system angelegt: Viele kleine Einheiten können
nach den Interessen und Fähigkeiten der Gruppe
frei kombiniert werden:
Vielfältige Kombinationsmöglichkeiten ergeben
sich zwischen den verschiedenen Themen, z.B.
„Nahrung" und „Kleidung" bieten Material
für ein Projekt „Imbiss in Römerkleidern"
(Klasse 6) oder für „ein lukullisches Gastmahl
in römischem Ambiente" (Ältere).
„Theaterkostüme" und „Wohnen" ermöglichen
die stilechte Vorführung einer antiken Komödie
(Literaturkurs Sek II). In den „Tipps" gibt
es Querverweise durch Kapitel- und Seitenangaben.

▲ *Römisches Ambiente für ein Speisezimmer*
Museumsreplikate:
Silberlöffel (Bonn), Terracotta-Schüssel (Köln),
Öllämpchen (Köln). Syrinx (Dritte Welt Laden).
Selbst gestaltete Gegenstände:
Bemalte Spruchkanne, Sets mit antiken Vasen
in rotfiguriger und schwarzfiguriger Maltechnik.

AUSWAHLKRITERIEN FÜR DIE PROJEKTTHEMEN

Die Projektmappe ist von der Intention
bestimmt, Themen anzubieten, die besonders
ergiebig für einen Kulturvergleich Antike –
Neuzeit sind. Anregungen dazu geben jeweils
die „Tipps".

Auch praktische Gesichtspunkte sind in die
Auswahl eingeflossen: Statt dreidimensionaler
Produkte (Modellbau, Getöpfertes), die nach
der Präsentation als Staubfänger herumstehen
und aus Platzgründen entsorgt werden müssen,
werden hier „zweidimensionale" Produkte
vorgeschlagen: Häuser als zerlegbare
Miniaturbühnen, Vasenbilder als Untersetzer
oder Platzdeckchen (siehe Foto links);
„Kunstobjekte" für Versteigerungen beim
Schulfest, Statuen für die Römerbühne
(siehe Fotos nächste Seite) u.Ä.
Sie sind leichter und schneller herzustellen –
bei gleichem Lerneffekt. Die Arbeiten können
praktisch genutzt werden und am Ende kann
alles platzsparend für spätere Veranstaltungen
aufbewahrt werden.

Besonders viele Hinweise gibt es für Theater-
und Rollenspiele, weil solche Projekte m.E.
besonders effektiv sind: Sie initiieren ein
Lernen mit allen Sinnen, „mit Leib und Seele".
Auch hier werden Projekte mit unterschied-
lichem Zeitaufwand und Schwierigkeitsgrad
angeboten: Eine römische Gelageszene auf
einem Grabmal genau betrachten und nachstellen können auch die Jüngsten; schon in
einer Stunde können sie dabei Wesentliches
über Tischsitten, Nahrung und Kleidung
erfahren. Die Älteren können z.B. antike
Theaterkostüme oder Götter in einer Multi-
Media-Schau vorführen und dabei – neben
den antiken Fakten – moderne Techniken der
Präsentation einüben und nutzen.

METHODISCH-DIDAKTISCHE VORBEMERKUNGEN

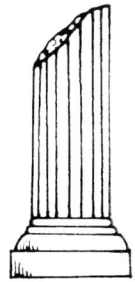

PRÄSENTATION DER ERGEBNISSE

Alle Projekte zielen auf eine Präsentation der Ergebnisse ab. Denn ein solches zeitlich, inhaltlich und methodisch fixiertes Ziel trägt erfahrungsgemäß sehr zur Intensität der Arbeit bei. So gibt es Vorschläge, wie die Inhalte des Unterrichts und dessen Ergebnisse einem größeren Publikum vorgestellt werden können und wie die Schule oder einzelne Fächer (z.B. Latein, Geschichte, Kunst) oder Jugendeinrichtungen mit Festen oder einem Tag der offenen Tür werben können.

Einige Fotos dokumentieren Kursergebnisse des Museumsdienstes Köln im Römisch-Germanischen Museum bzw. Aktionen der AG Archäologie am Lise-Meitner-Gymnasium Leverkusen.

DANKSAGUNG

Autorin und Verlag danken vor allem den Museen, die uns so großzügig mit Bildmaterial unterstützt haben. Wir geben es hier mit neuen Ideen angereichert zurück!
Mein ganz besonders herzlicher Dank aber gilt allen, die an diesen Projekten agierend oder beratend teilgenommen haben: Familie, Freunde, KollegInnen und – last but not least – die Kurs-Kinder!

Und nun:
Viel Freude und Erfolg allen,
die diese Römerprojekte
durchführen wollen.

▲   ▶

Kaiserstatuen für ein Römertheater
Augustus mit Enkelin Agrippina der Älteren:
Portraitkopien auf Hartfaserplatte geklebt,
auf portugiesische Klapphocker gesetzt.
Kleidung: purpurne Triumphgewänder, safrangelbe
Tunika mit golddurchwirktem Umhang.

PROJEKTMAPPE: DIE RÖMERZEIT

THEMEN UND ARBEITSFORMEN
DER PROJEKTE
DIDAKTISCHE ÜBERSICHT

BEREICH	**Projekt-Thema** *Lerninhalte*	Arbeitsformen (Umfang: A = Arbeitsauftrag 1/4–1/2 Std S = Stundenprojekt 1–2 Std. W = Wochen- oder Halbjahres-Projekt)	FACH
KLEIDUNG	**Römische Modenschau** (ab 6. Klasse) • *Soziologie der röm. Tracht/* *der neuzeitl. Mode,* *Materialkunde Textilien.*	• Abbildung buntmalen (bei allen Projekten: A) • Nähen, Ergebnisse präsentieren: „Modenschau" mit Kurzreferaten veranstalten (W) • Fotomontagen (S) • Bevölkerungspyramide berechnen, darstellen (S) • Ausstellung gestalten mit Preisrätsel (W)	G / L + Tx, K
	„Lebende Bilder" (ab 5. Kl.) • *Römische Selbstdarstellung* *auf Grabmälern u. a.*	• Szenen auf Grabmälern u. a. Monumenten nachstellen (S) • Rollenspiel: Dialoge erfinden (A–S–W)	
	Multi-Media-Schau „Kaiserliche Kleider – Augustus und die julisch-claudische Familie" (Kl. 8–13) • *Augustus' Friedensaltar*	• Modenschau mit Medien kombinieren: Moderationstechnik, Choreografie & Musik, OHP- und Video-Arbeit, Fotografieren (W)	
NAHRUNG	**Heiß und deftig essen** **an der Thermo-Theke** (ab 6. Kl.) • *Einfache Rezepte.* *Garküchen und ihre Funktion.*	• Kochen, backen. Schulfest gestalten: römischen „Schnellimbiss" THERMOPOLIUM bauen, Standardgerichte servieren (W)	G / L + K, HW
	Lukullisch speisen im Triclinium (ab 8. Kl.) • *„Standesgemäß" speisen:* *Ausstattung eines reichen* *Speisezimmers, Tischsitten.* *Handel im Imperium. Triclinium-* *Grabkammern, Grabmäler.*	• Gastmahl mit Luxusgerichten veranstalten. TRICLINIUM mit „Lukulls Ambiente": Wandmalerei, Vasen, Hausrat zeichnen/werken/ töpfern, Musik • Apicius lateinisch lesen (W)	

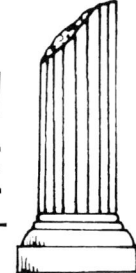

THEMEN UND ARBEITSFORMEN
DER PROJEKTE
DIDAKTISCHE ÜBERSICHT

BEREICH	Projekt-Thema *Lerninhalte*	Arbeitsformen (Umfang)	FACH
WOHNEN	**Schöner wohnen mit den Römern** (ab 6. Kl.) • *Innenarchitektur, Ausstattung römischer Häuser.*	• Grundriss und Rekonstruktions- zeichnung zuordnen (A) • Zeichnen, malen (S) • Modell bauen: pompejanisches Haus (VILLA URBANA) (W)	G + K, Wk
	• *Römische Malerei von der Republik bis zu Nero (1.–4. Pompejanischer Stil). Mosaiken.*	• Stilkunde (A–S) • Wandmalerei gestalten, Miniaturbühne bauen (S) • Mosaiken gestalten (W)	
	• *Spätantike Villenarchitektur: Piazza Armerina. Dynastie des Maximian und Konstantin*	• Rollenspiel zur Architektur (S–W)	
THEATER	**Masken und Kostüme** ***Theatermasken*** • *Typologie der antiken Theaterrollen* (ab 6. Kl.)	• Physiognomische Studien (A) • Maskenbau (S)	G / L + D + K, Wk
	Theaterkostüme • *Komödie* (ab 6. Kl.) • *Tragödie* (ab 8. Kl.)	• Kostüme gestalten (W) • Figuren herstellen, Theater spielen	
	• *Theaterarchitektur*	• Bühnenbilder malen, Requisiten herstellen (W) • Modellbau Theaterbühne (S)	
	• *Auszüge aus griechischen/ römischen Dramen* (ab 9. Kl.)	• Literaturbelege suchen, lesen, Theater/Pantomime spielen (W)	
MYTHOLOGIE	**Multi-Media-Schau „Göttertheater"** (ab 6. Kl.) • *Götter des Olymp, Zuständig- keitsbereiche und Attribute. DEUS EX MACHINA*	• Charakteristik durch Pantomime (A) • Theaterspiel (S–W) • Götterattribute gestalten (S) • Medienarbeit: OHP-Bild + Ton + Beleuchtung u.a. Bühnentechnik handhaben. Foto- und Videoarbeit.	G / L / R + K, D
	„Vera Pötter und die Götter"	• Rollenspiel	
	Antike Sagen	• Göttersagen lesen (A) Vergleichende Parodien schreiben (S) Einstudieren, aufführen (W)	
	„Fest im Olymp": Karneval/Fasching	• Kostüm-Fest mit Dekoration gestalten (W)	

PROJEKTMAPPE: DIE RÖMERZEIT

THEMEN UND ARBEITSFORMEN DER PROJEKTE
DIDAKTISCHE ÜBERSICHT

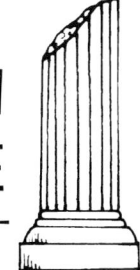

BEREICH	Projekt-Thema *Lerninhalte*	Arbeitsformen (Umfang)	FACH
STÄDTEBAU/ ARCHITEKTUR	**Monumente-„Memory"** (ab 6. Kl.) • *Kulturhistorisch bedeutende Bauwerke. Nutzbauten (Wasserleitungen, Thermen, Basiliken, Stadtmauer), Repräsentationsbauten (Mausoleen), Sakralbauten (Tempel)*	• Grundriss und Aufriss zuordnen (A) • Malen, werken: Memory oder Mobile herstellen (S–W) • Modelle bauen (W) • Ausstellung gestalten (W) • Dia-/Folienvorträge halten (S–W) • Rollenspiel: Architekt und Bauherr (A–S–W)	G / L + K + D
ARCHITEKTUR & SPRACHE	**Suchbild „Unser römisches Erbe"** (ab 5. Kl.) • *Forumsbauten, Funktion. Fremd- und Lehnwörter.*	• Bildvergleich (A) • Fremd-/Lehnwörter finden. Vergleich Latein – Romanische Sprachen (S)	G / L
ÜBERBLICK GESCHICHTE	**Römische Geschichte reimen und rappen** (zum Abschluss der römischen Geschichte 6. Kl.) • *Von Romulus (753 v. Chr.) bis Romulus (476 n. Chr.)*	• Daten und Fakten gewichten. Sprachübungen: Verse erfinden. Musikalische Ausgestaltung.	G / L
	Sternstunden und Katastrophen (zum Abschluss der römischen Geschichte 6. Kl.) • *Stätten der römisch-germanischen Geschichte*	• Landkarte und zugehörige Geschichtsdaten kombinieren (S)	Ek

G = Geschichte
L = Latein
K = Kunst
Tx = Textiles Gestalten
HW = Hauswirtschaft
D = Deutsch
Wk = Werken
R = Religion
Ek = Erdkunde
S = Sport

PROJEKTMAPPE: DIE RÖMERZEIT

RÖMISCHE MODENSCHAU

Habt ihr Lust, mal eine Modenschau zu veranstalten?
Oder braucht ihr ein Karnevalskostüm, das einfach herzustellen ist
und super aussieht? Dann sind antike Gewänder genau das Richtige!
Hier erfahrt ihr, wie ihr eure Römerkleider anfertigen könnt.

▲ *Römische Patrizier im Festgewand*

(nach: Reinach, Repertoire des Reliefs Grecs et Romains I,
Paris 1909, S. 235)

Schaut euch jetzt die römischen Gewänder auf den Seiten 19–28 an:
Versucht, das Charakteristische an jedem Kleid herauszufinden und zu beschreiben.
Anschließend könnt ihr ein wenig experimentieren:
Ihr erfahrt, wie ihr euch „göttlich" verkleiden könnt,
ohne einen einzigen Stich zu nähen.

ÜBERSICHT: KLEIDUNG ALS STANDESKENNZEICHEN (1)
RÖMISCHE FRAUENKLEIDUNG

DIE TUNICA

Alltagskleid der einfachen Leute,
Unterkleid der Vornehmen

(nach: Activity Book, British Museum, S. 12)

DIE STOLA

Oberkleid der verheirateten adligen Frau
(MATRONA)

(nach: Hope, Costumes of the Romans, S. 54)

DIE PALLA

Umhang („Mantel")
der ehrbaren Dame

(nach: Reinach, Repertoire des Reliefs I, S. 235)

DIE DALMATICA

Spätantikes
Frauen- und Männer-Gewand

(nach: Koller, Orbis Pictus. Gentili, S. 63)

ÜBERSICHT: KLEIDUNG ALS STANDESKENNZEICHEN (2)
RÖMISCHE MÄNNERKLEIDUNG DES VOLKES

DIE TUNICA

Kleidung der einfachen Leute,
Unterkleid der Vornehmen

(nach: Activity Book, British Museum, S. 12)

DIE TOGA

Übergewand des Römers mit Bürgerrecht.
Enge Toga (TOGA EXIGUA)
– Frühzeit –

DIE PAENULA

Übergewand der einfachen Leute
und Soldaten

DIE FEMINALIA   DIE BRACAE

Hosen   Hosen
der Hilfstruppen   der Kelten

(nach: Coarelli, Archäol. Führer Rom, S. 125, 14)

PROJEKTMAPPE: DIE RÖMERZEIT

15

ÜBERSICHT: KLEIDUNG ALS STANDESKENNZEICHEN (3)
RÖMISCHE MÄNNERKLEIDUNG DES ADELS

DIE TUNICA ANGUSTICLAVIA
Rittertunika

DIE TUNICA LATICLAVIA
Senatorentunika

(nach: Activity Book, Brit. Museum, S.12)

Purpurstreifen der TUNICA

Purpurstreifen der TOGA

Senatoren-stiefel

DIE TOGA PRAETEXTA
Senatorentoga
Doppeltoga: Kaiserzeit

DAS PALUDAMENTUM
Purpurumhang der adligen Offiziere

(nach: Coarelli, Archäolog. Führer Rom, S.125, 51)

TUNICA PALMATA + TOGA PICTA
Palmettentunika + goldbestickte Toga
Purpurgewänder des Triumphators

(nach: Hope, Costumes Greecs and Romans, S.123)

PROJEKTMAPPE: DIE RÖMERZEIT

DIE „STÄNDEPYRAMIDE"
DIE BEVÖLKERUNG ROMS ZUR ZEIT KAISER TRAJANS (98–117 N.CHR.)

SENATOREN
(ORDO SENATORIUS)
Voraussetzung:
1 Million Sesterzen Vermögen, freie Geburt, Unbescholtenheit, Mindestalter 25 Jahre, Militärdienst, Bekleidung der Ämter bis zum Prätor.
Standeskennzeichen:
TUNICA LATICLAVIA, TOGA PRAETEXTA, Senatorenstiefel (=CALCEUS SENATORIUS).
Berufe:
Großgrundbesitzer, hohe Beamte, hohe Offiziere, Rechtsanwälte, Statthalter in den wichtigen senatorischen Provinzen. Kaiser Trajan schrieb vor, dass ein Drittel des Vermögens aus Grundbesitz in Italien bestehen musste. Die Senatoren waren aber durch ihre Klienten auch an Handel und Steuereinnahmen beteiligt, was ihnen dem Gesetz nach eigentlich verboten war.

RITTER
(ORDO EQUESTER)
Voraussetzung:
400.000 Sesterzen Vermögen, freie Geburt, Unbescholtenheit, Mindestalter 18 Jahre, Militärdienst.
Standeskennzeichen:
TUNICA ANGUSTICLAVIA, TOGA, goldener Ritterring.
Berufe:
Bankier, Großhändler, Großgrundbesitzer, Steuerpächter, mittlere Beamte und Offiziere.

BÜRGER
(INGENII)
Voraussetzung:
freie Geburt
Standeskennzeichen:
TOGA
Berufe:
Handwerker, Händler, kleine Beamte, Arbeiter, Tagelöhner. Arbeitslose Bürger hatten das Recht auf Getreidespenden und freien Eintritt zu den Spielen (PANEM ET CIRCENSES).

FREIGELASSENE
(LIBERTI/LIBERTINI)
Voraussetzung:
Freilassung (EMANCIPATIO/ MANUMISSIO) durch den Herrn oder Freikauf.
Berufe:
Händler, Handwerker, geistige Berufe wie Architekten, Ärzte, Lehrer, Wissenschaftler, Schauspieler, kaiserliche Angestellte.

SKLAVEN
(SERVI/RES MANCIPII)
Geburt als Sklave oder Kriegsgefangenschaft oder Schuldkauf.
Berufe:
Hauspersonal, Landarbeiter, Minenarbeiter, Gladiatoren, geistige Berufe wie die Freigelassenen.

PROVINZBEWOHNER
Die Bewohner der Provinzen, z.B. die Germanen, standen in der Sozialordnung anfangs kaum über den Sklaven. Um die Provinzen für die Römer zu gewinnen, gaben die Kaiser verdienten Mitgliedern der Oberschicht das Bürgerrecht. 212 n.Chr. verlieh Kaiser Caracalla durch ein Gesetz, die CONSTITUTIO ANTONIANA, allen freigeborenen Provinzbewohnern das römische Bürgerrecht (was nicht alle Römer freute!).

> Zur Zeit des Kaisers Trajan hatte Rom schätzungsweise 1.200.000 Einwohner. Man vermutet, dass sich die Bevölkerung etwa folgendermaßen zusammensetzte:
> **Senatoren: 600**
> **Ritter: 30.000**
> **Bürger** (Freigeborene mit vollem Bürgerrecht): **675.000**
> **Bürger mit eingeschränkten Rechten einschließlich Freigelassene: 100.000**
> **Sklaven: 400.000**
> Die Zugehörigkeit wurde alle 5 Jahre bei der Volkszählung (CENSUS) durch die beiden gewählten Zensoren festgestellt. In den Zensuslisten erfasst waren Männer und Jungen ab 11 Jahren, die Frauen wurden als „Anhang" dazugezählt.

Zeichne auf Millimeterpapier im Querformat 4 Streifen (4 cm hoch) ein,
für jeden Stand einen. Berechne die Streifenbreite (30.000 Einwohner = 1 cm)
und zeichne sie ein. Achtung: an einer Stelle wird es schwierig!

 PROJEKTMAPPE: DIE RÖMERZEIT

SCHNITTMUSTER (1)

— SCHNITTE, STOFFE, FARBEN —

Die antike Kleidung wurde immer gewebt; denn Stricken und Häkeln waren ebenso unbekannt wie das Wirken – z.B. bei unseren T-Shirts. Antike Kleider bestanden aus einfachen Rechtecken; sie waren also nicht „auf Figur" gearbeitet. Ihre elegante Form erhielten die Gewänder durch Drapieren und Gürten. Das könnt ihr beim griechischen PEPLOS ausprobieren.

Als Material diente meist Wolle, die die antiken Weber in verschiedenen Stärken zu weben verstanden: mal dick und fest, mal weich fließend. Leinen war der zweithäufigste Stoff. Dagegen waren Baumwolle und Seide Luxusstoffe. Baumwolle musste aus Ägypten, Seide sogar aus China importiert werden.

Man färbte die Stoffe mit Pflanzenfarben oder Mineralien. Beliebt waren Pastellfarben, Türkis, Violett, Safrangelb, Blau und Scharlachrot. Am kostbarsten war Purpur: Diese Farbe gewann man nach heute unbekannten Rezepten aus Purpurschnecken. Herstellung und Handel waren kaiserliches Monopol. Purpur zu tragen war dem Adel vorbehalten.

Die Hinweise auf den folgenden Seiten geben das antike Material an;
Stoffe aus solchen Naturfasern sind auch heute noch teuer.
Für eure Kostüme könntet ihr sie durch preiswerte Kunstfaser ersetzen, z.B. Polyester.
Wichtig ist, dass der Stoff so schön fällt wie das antike Original.
Das erreicht man mit Stoffen ohne Appretur (Gewebefestiger) oder mit Seidenjersey –
dieser ist allerdings gewirkt statt gewebt.
Als Material für die Doppeltoga eignet sich Schleiernessel:
ein weicher Dekorationsstoff, der bis zu 2,50 m breit liegt.
Schleiernessel gibt es im Gardinenfachgeschäft.

Die Maßangaben passen für Körpergröße 1,55 – 1,80 m,
denn die antiken Gewänder waren nicht auf Figur gearbeitet.

.... *Naht*

————————————————— *Schnittkante*

– – – – – – – – – – – – – – – *Stoffbruch*

SCHNITTMUSTER (2)

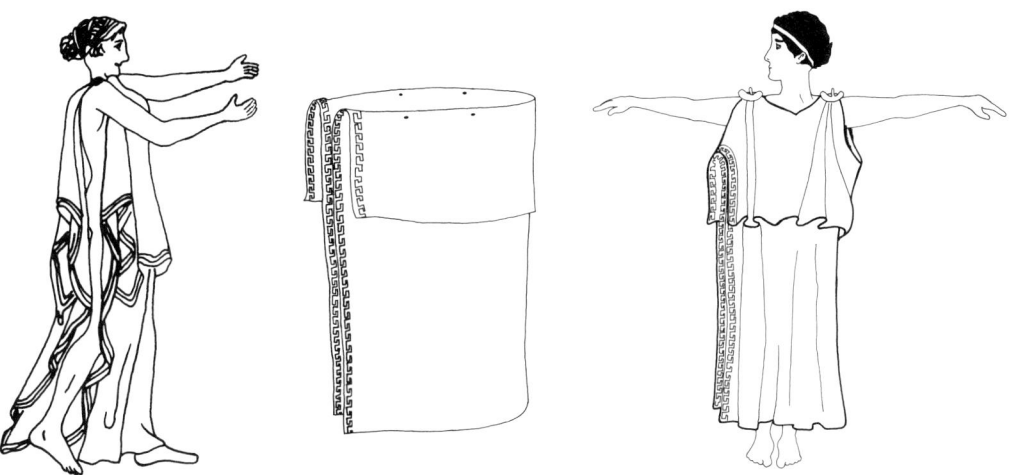

DER PEPLOS
GEWAND DER GÖTTINNEN

Rechteckiges Tuch als altgriechisches Frauen- und Männergewand. Bei den Römern war der PEPLOS die Kleidung der Göttinnen.

Material: 2,50 m Wollstoff; Breite je nach Körpergröße 1,20–1,50 m.

Nähanleitung: Der PEPLOS wird nur gesteckt, nicht genäht.

Ankleiden: Überschlag falten: Stoff oben nach außen umschlagen, bis das Gewand so lang ist, dass es bis auf die Füße reicht. Arme heben. Den Stoff unterhalb der Arme so um den Körper legen, dass die offene Seite unter der rechten Achsel liegt. Vorder- und Rückenteil auf den Schultern mit je einer Brosche (FIBULA) oder Sicherheitsnadel zusammenstecken. Mit einem Gürtel um die Taille halten, damit der Stoff durch die Fibeln nicht ausreißt.

Variationen: PEPLOS
a) unterhalb der Brust gürten.
b) zu einem kurzen Kleid doppelt gürten: Einen Gürtel in der Taille binden, Stoff hochziehen und über den Gürtel legen. Mit einem zweiten Gürtel auf dem Überschlag gürten (siehe Abbildung links).

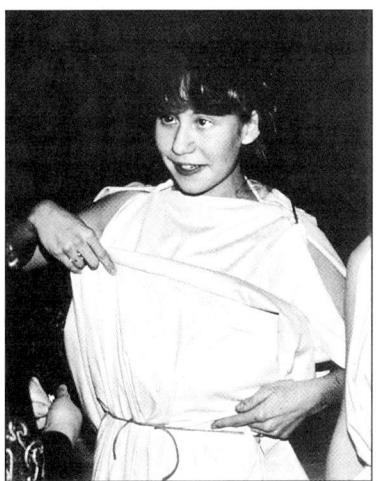

Stoff über dem ersten Gürtel hochziehen

(nach: dtv-Lexikon der Antike, Kulturgeschichte, S. 249. Pekridou-Gorecki, Mode im antiken Griechenland, S. 78 f.)

PROJEKTMAPPE: DIE RÖMERZEIT

SCHNITTMUSTER (3)

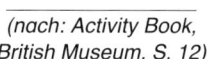

(nach: Activity Book,
British Museum, S. 12)

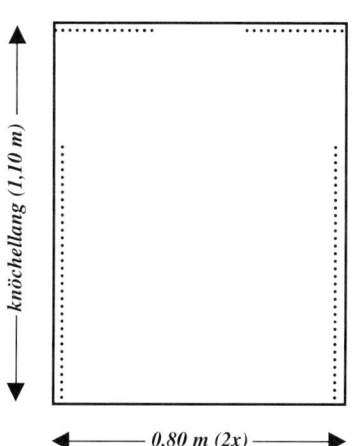

knöchellang (1,10 m)

0,80 m (2x)

DIE TUNICA

ALLTAGSKLEID DER EINFACHEN LEUTE, UNTERKLEID DER VORNEHMEN

Sackförmig genähtes Kleid.

Material: 1,40 m Woll-, Leinen- oder Baumwollstoff in Natur- oder Pastellfarben ohne Muster. Breite je nach Körpergröße: 1,20–1,50 m für die lange Tunika der Mädchen und Frauen. 0,90–1,20 m für die knielange Tunika der Jungen und Männer.

Nähanleitung: Webekanten als Saum bzw. als Halsausschnitt nutzen. Seitennaht schließen, 24 cm als Armausschnitt offen lassen. Armausschnitt auf der anderen Seite einschneiden, säumen. Für den Halsausschnitt von der Mitte aus nach beiden Seiten 13 cm abmessen. Schulternähte schließen.

Ankleiden: Tunika in der Taille gürten, evtl. schoppen, bis die Länge passt.
Frauen können die Tunika auch unter der Brust oder auf den Hüften gürten. Die Jagdgöttin Diana wird oft in einer Tunika mit doppelter Gürtung dargestellt: Tunika in der Taille gürten. Den Stoff über den Gürtel nach oben ziehen, bis der Saum in Kniehöhe liegt. Den Stoff über den ersten Gürtel legen, mit einem zweiten binden.

PROJEKTMAPPE: DIE RÖMERZEIT

20

SCHNITTMUSTER (4)

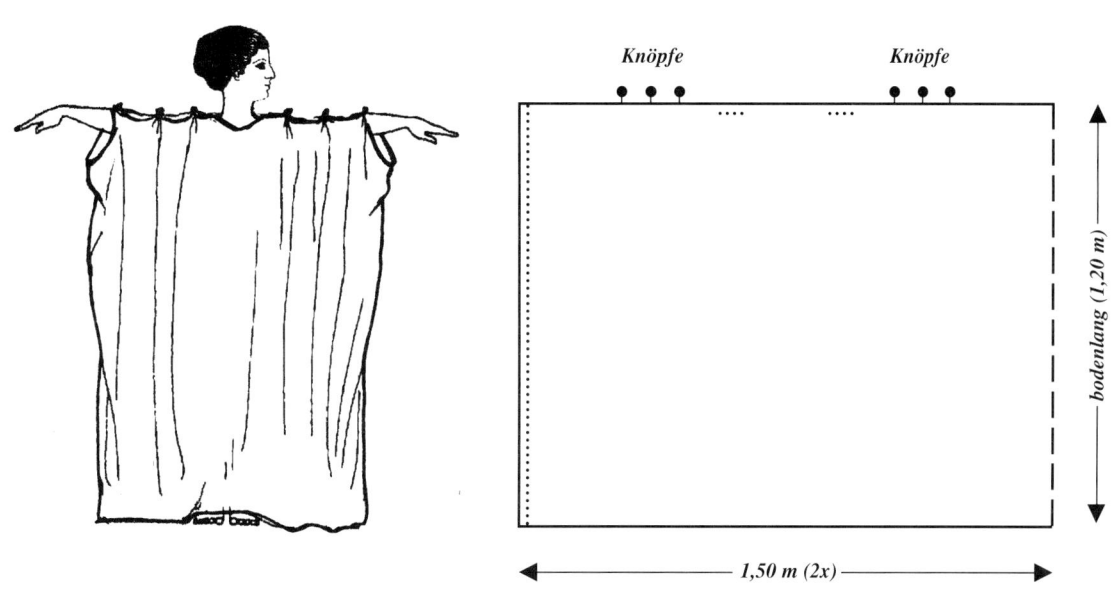

Knöpfe　　　　*Knöpfe*

bodenlang (1,20 m)

1,50 m (2x)

DIE KNOPF- ÄRMEL- TUNICA

LUXUSKLEID DER REICHEN DAMEN; KLEID DER GÖTTINNEN

Weite Tunika mit angeschnittenen Ärmeln, die nicht genäht, sondern mit Knöpfen zusammen gehalten werden.

Material: 3 m weich fallender Stoff, z.B. hauchdünne Baumwolle in Weiß oder Pastellfarben, 6 Kugelknöpfe (5 mm).

Nähanleitung: Seitennaht schließen. Halsausschnitt und Armausschnitte an der oberen Webekante einarbeiten. Halsausschnitt von der Mitte nach beiden Seiten 15 cm abmessen. 5 cm lange Schulternähte schließen. Armausschnitte ca. 20 cm. Knöpfärmel: Im Abstand von 10 cm Vorder- und Rückenteil punktförmig zusammennähen, Knöpfe aufnähen. Bei ausreichender Weite je ein Fältchen (2 cm) einarbeiten.

Alternative: Ärmel einkräuseln oder in Falten legen, dann zusammennähen.

Ankleiden: Kleid in der Taille oder unter der Brust gürten. Stoff so hoch ziehen, dass rundum die gleiche Länge entsteht und sich gleichmäßige Falten bilden.

(nach: Pekridou-Gorecki, Mode, S. 74; Hope, Costumes of the Greeks and Romans, S. 201)

SCHNITTMUSTER (5)

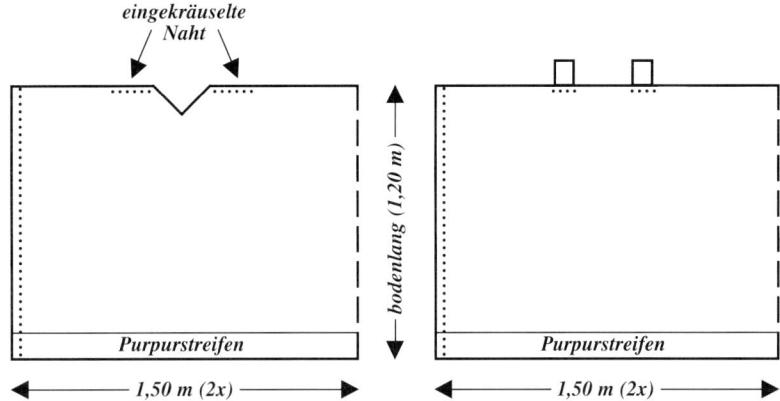

eingekräuselte Naht

bodenlang (1,20 m)

Purpurstreifen

Purpurstreifen

1,50 m (2x)

1,50 m (2x)

DIE STOLA

OBERKLEID
DER VERHEIRATETEN
ADLIGEN DAME
(MATRONA)

Gesprochen: „S-tolla". Weites Oberkleid der verheirateten adligen Römerin (MATRONA). Trägerförmige Schulterpartie. Purpurstreifen als Standeskennzeichen.

Material: 2,50–3 m feine Baumwolle; 3,25 m handbreites purpurrotes Band.

Nähanleitung: Besonders schön ist die Stola mit spitzem Ausschnitt und eingekrauster Schulternaht (s. Abb. oben Mitte). Einfacher zu nähen ist die Stola mit Trägern (s. Abb. oben rechts): Purpurstreifen am unteren Saum annähen. Seitennaht schließen. Halsausschnitt von der Mitte aus nach beiden Seiten 15 cm abmessen. Vorder- und Rückenteil mit 12 cm langen Trägern aus dem Purpurband verbinden.

Ankleiden: Stola über einer Tunika tragen. Mit einem Gürtel gleichmäßig in Falten legen. So hochziehen, dass die Stola rundum den Boden berührt.

DIE PALLA

UMHANG DER
EHRBAREN DAME

Großes rechteckiges Tuch, das die ehrbare Römerin beim Ausgehen anlegt.

Material: 3 m Woll-, Leinen- oder Baumwollstoff, 1,60 m breit, in Pastellfarben.

Nähanleitung: Schnittkanten säumen.

Ankleiden: Verschiedene Drapierungen ausprobieren: PALLA
 a) über beide Schultern und den Kopf legen.
 b) über beide Schultern legen, Kopf frei lassen.
 c) über eine Schulter legen, Kopf und einen Arm frei lassen u.a.

(Abb. nach: Reinach, Repertoire des Reliefs I, S. 235)

PROJEKTMAPPE: DIE RÖMERZEIT

22

SCHNITTMUSTER (6)

DIE TUNICA ANGUSTI-CLAVIA
RITTERTUNIKA

Überkleid mit schmalen Purpurstreifen:
Weiße Männertunika mit 2 schmalen
Purpurstreifen (= ANGUSTI CLAVI),
Kennzeichen der Ritter.

Material: 1,50 m weißer
Wollstoff, 1–1,20 m breit.
5 m purpurfarbenes Band,
2 cm breit.

Nähanleitung: Halsausschnitt von der
Mitte nach beiden Seiten 13 cm abmessen.
Purpurband neben dem Halsausschnitt
senkrecht auf Vorder- und Rückenseite
aufnähen. Wie die einfache Tunika nähen.

Ankleiden: TUNICA ANGUSTICLAVIA
in der Taille gürten.

wadenlang (0,90 m)

Purpurstreifen

Purpurstreifen

◄— 0,70 m (2x) —►

DIE TUNICA LATICLAVIA
SENATORENTUNIKA

Überkleid mit breiten Purpurstreifen:
Weiße Männertunika mit 2 senkrechten
handbreiten Purpurstreifen (= LATI CLAVI),
Kennzeichen des Senatorenstandes.

Material: 1,50 m Wollstoff, 1–1,20 m breit.
5 m handbreites purpurfarbenes Band.

Nähanleitung: Wie TUNICA
ANGUSTICLAVIA.

Ankleiden: Die TUNICA LATICLAVIA
wird ohne Gürtel getragen.

wadenlang (0,90 m)

Purpurstreifen

Purpurstreifen

◄— 0,70 m (2x) —►

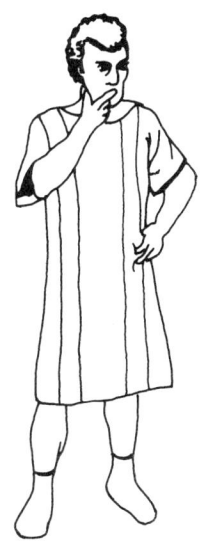

PROJEKTMAPPE: DIE RÖMERZEIT

SCHNITTMUSTER (7)

DIE TOGA EXIGUA

„KLEINE" TOGA

Halbkreisförmiges Übergewand der Römer mit Bürgerrecht. Etruskisch/republikanische Zeit.

Material: 4–5 m Wollstoff, 1,30–1,60 m breit, oder zwei Bettlaken, in Weiß oder Pflanzenfarben. Die dunkle Toga (TOGA PULLA) ist Trauerkleidung.

Nähanleitung: Halbkreis zuschneiden, säumen.

Ankleiden:

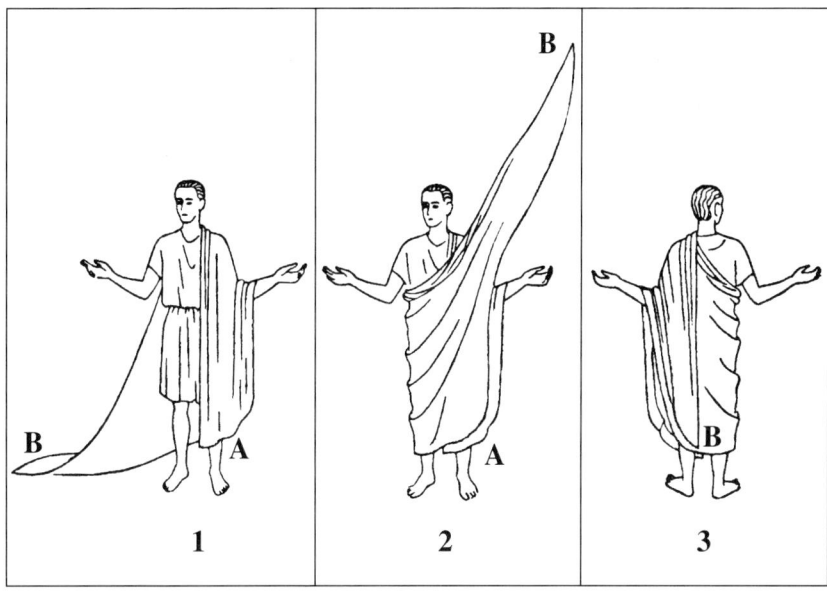

(1) Toga über die linke Schulter legen und über den Rücken führen,

(2) unter dem rechten Arm nach vorne, dann zur linken Schulter führen, dabei oben etwas eindrehen, straff ziehen wie einen Gürtel bzw. ein Schwertband (=BALTEUS).

(3) Letztes Drittel über die linke Schulter nach hinten legen. Die Toga wird nicht festgesteckt!

(nach: Kähler, Rom und seine Zeit, S. 99)

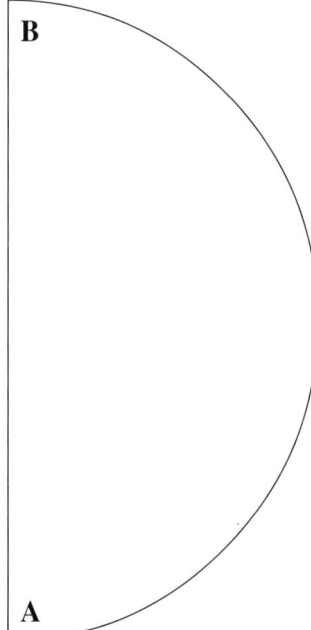

SCHNITTMUSTER (8)

DIE DOPPEL-TOGA DER KAISERZEIT

Ovales Übergewand der Römer mit Bürgerrecht. Kaiserzeit.

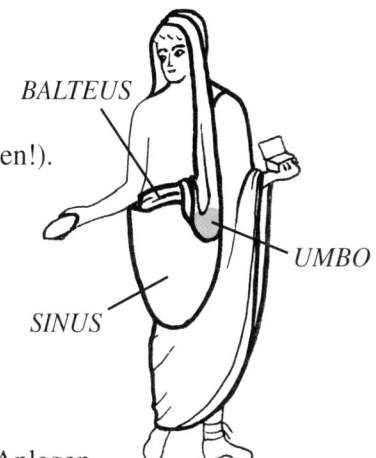

Material: je nach Körpergröße 5–6 m Wollstoff, 2,50–3 m breit (vier Bettlaken!).

Nähanleitung: Ovales Tuch nähen. Den SINUS-Teil entsprechend der Abbildung unten schmaler schneiden.

Ankleiden: Zum Anlegen der Toga mit SINUS und UMBO brauchten die Römer Profis – wir erst recht!

Tipp: Lasst euch im Römermuseum das Anlegen der Toga beibringen und zeigt es bei eurer Modenschau an einer Minifigur.

DIE TOGA PRAETEXTA
„VORGEWEBTE" TOGA

Senatorengewand mit Purpurstreifen. Weiße Toga mit breitem Purpurstreifen an der Webekante, Kennzeichen der Senatoren.

Material: Toga exigua oder Doppeltoga der Kaiserzeit, 10 m Purpurband, handbreit.

Nähanleitung: Purpurstreifen annähen.

Tipp: Wenn ihr Senatoren darstellen wollt, tragt wie Cäsar die TOGA EXIGUA (s. S. 24)! Den Pupurstreifen näht ihr einfach an die gerade Seite.

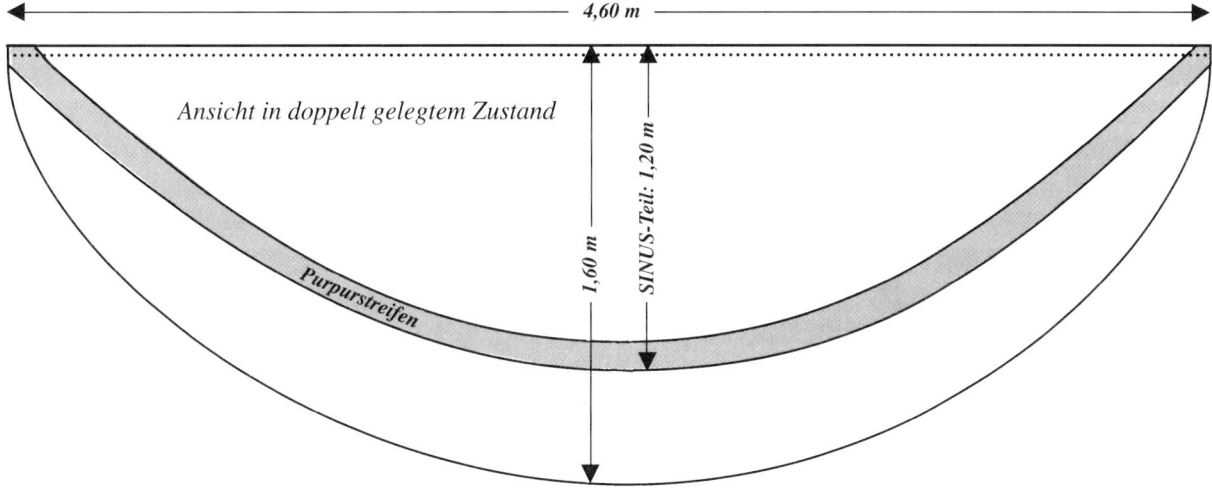

← 4,60 m →

Ansicht in doppelt gelegtem Zustand

Purpurstreifen

1,60 m

SINUS-Teil: 1,20 m

SCHNITTMUSTER (9)

DIE TUNICA PALMATA + DIE TOGA PICTA

Jupitergewänder und Triumph-Kleidung, goldbestickte Purpurgewänder für den Imperator im Triumphzug.

Material: Purpurstoff, 0,5 m goldener Jersey, Goldpailletten (Sterne), Goldgarn, -perlen.

Nähanleitung: Palmetten aus Gold-Jersey ausschneiden und auf die Tunika nähen. Toga mit Goldpailletten und -perlen besticken.

DIE PAENULA

SOLDATEN- UND REISE-CAPE

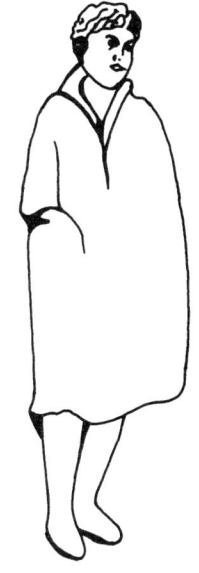

Poncho mit Kapuze, Kleidung der einfachen Leute, Reisekleidung der Vornehmen.

Material: 2,50–3 m Wolle, Loden oder Leder. Für den Soldatenumhang braunroten Stoff verwenden.

Nähanleitung: Stoff zum Halbkreis schneiden. Pänula vorne bis zum Halsausschnitt zunähen. Kapuze an den Umhang annähen. Tipp: Als Pänula evtl. einen Regenponcho vorführen.

Ankleiden: Pänula über der rotbraunen knielangen Soldatentunika vorführen.

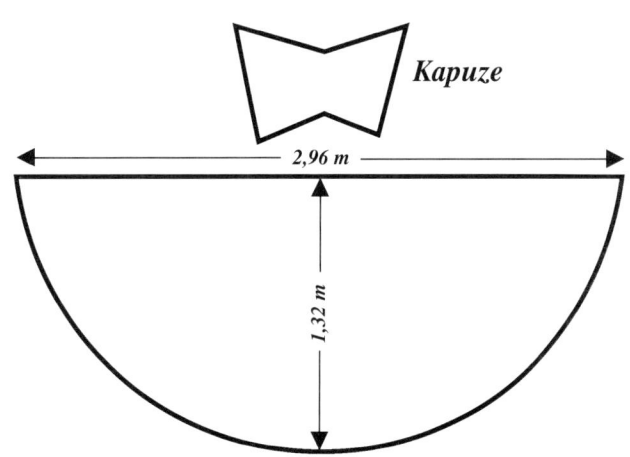

Kapuze

2,96 m

1,32 m

SCHNITTMUSTER (10)

DAS PALUDA-MENTUM
OFFIZIERSUMHANG

Rechteckiger Umhang aus purpurfarbener Wolle, der Paradeumhang der höchsten Offiziere. Das PALUDAMENTUM gehört wie der Brustpanzer THORAX und das knielange Kleid mit Lederlaschen zur Uniform der Offiziere. Der Purpur zeigt, dass diese Offiziere dem Hochadel angehören. Als Alltagskleidung benutzten auch die Offiziere die Pänula.

Material: 2 m x 1,60 m purpurfarbenes Rechtecktuch

Ankleiden: Über die linke Schulter legen. Vorder- und Rückenteil auf der rechten Schulter mit einer großen Brosche (FIBULA) zusammenhalten, den rechten Arm frei lassen.

DIE FEMINALIA

FEMINALIA: Dreiviertelhosen der berittenen ausländischen Hilfstruppen. Seit Trajan Kleidung aller Soldaten. Erst in der Spätantike Männerkleidung der Zivilisten.

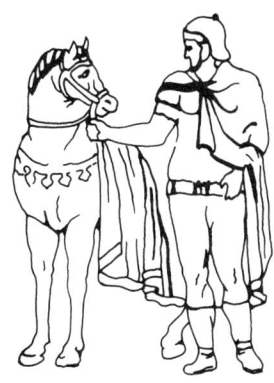

DIE BRACAE

BRACAE: die langen Hosen der Kelten. BRACAE sind Barbaren-Kennzeichen!

Als Zivilist trugen Römer bis zum 3. Jh. niemals Hosen – von der Römerin ganz zu schweigen! Die Römer charakterisierten sich selbst als Toga-gekleidetes Volk: GENS TOGATA, die Barbaren als „Hosenträger": GENTES BRACATAE.

Material: FEMINALIA aus weichem Leder oder rotbrauner Wolle. BRACAE aus Wollstoff in Naturfarben.

Tipp: Ihr könnt als FEMINALIA Dreiviertel-Leggings, als BRACAE Jogging-Hosen vorführen.

SCHNITTMUSTER (11)
SPÄTANTIKE KLEIDUNG

DIE DALMATICA

Spätantike TUNICA mit langen weiten Ärmeln (heute sieht man sie noch als Priestergewand). Für Frauen bodenlang, für Männer wadenlang.

Material: 3–4 m Woll-/Baumwollstoff oder Seide, Bordüren, Bänder.

Nähen und Anlegen: DALMATICA wie die Tunika (s. S. 20) arbeiten, aber mit angeschnittenen weiten Ärmeln. Bordüren und/oder Bänder aufnähen.

← 1,40 m →

← 0,80 m →

DIE TUNICA MANICATA MIT UMHANG

Tunika mit angeschnittenen langen Ärmeln, für Männer wadenlang, für Frauen bodenlang. Tuniken und Umhänge zeigen gestickte oder eingewebte Embleme, möglicherweise als Rangabzeichen.

Material: 2,50–3 m Woll-, Leinen- oder Baumwollstoff, aufbügelbare schwarze Vlieseline oder schwarzer Filz für Muster und Ornamente.

Nähanleitung: TUNICA MANICATA wie die DALMATICA arbeiten, aber mit schmaleren Ärmeln. Umhang wie PALUDAMENTUM oder PAENULA arbeiten. Schmuck aufnähen wie auf dem Titelbild: Ovale Embleme aus Vlieseline ausschneiden und aufbügeln oder aus Filz ausschneiden und aufnähen.

Anlegen: Spätantike Männerkleider über Leggings tragen, dazu halbhohe Stiefel.

Tipp: Als echte Designerkleidung bei Feten anziehen: sieht super aus!

← 1,40 m →

← 0,70 m →

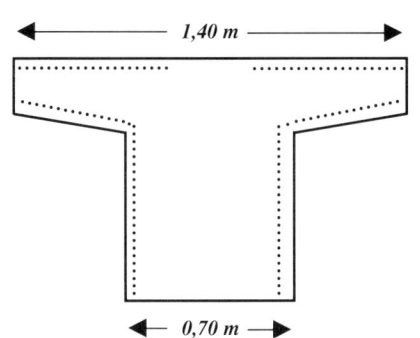

Im Laufe der Jahrhunderte war die TOGA immer aufwändiger und schwerer geworden; so wurde sie immer seltener getragen. Die Männer erschienen jetzt auch offiziell in bequemeren Umhängen. Die vornehmen Frauen trugen statt STOLA und PALLA nun mehrere Tuniken übereinander.

PROJEKTMAPPE: DIE RÖMERZEIT

28

TIPPS UND PROJEKT- IDEEN

- Abbildung S. 13 **bunt malen:**
Nach den Vorbildern auf S. 16 Purpurstreifen als
Standeskennzeichen auf Tunika, Toga und Stola malen.

- **Modenschau** mit selbstgenähten Gewändern zeigen:
Dazu braucht ihr 2 ModeratorInnnen, die durch die Schau führen,
und mehrere Kleider-Teams, bestehend aus
je 1 Model, das ein Römerkleid trägt, mit
je 2 GewandmeisterInnen, die die Gewänder drapieren.

- **Exkursion ins nächstgelegene Römermuseum** unternehmen.
Kleidung entdecken.

- Text für eine Führung aufschreiben, **Führung anbieten.**

- **Kleidung des Museums** nachgestalten.
Modenschau im Museum aufführen, mit Plakaten werben.

- **„Lebende Bilder"** gestalten:
Weihesteine, Grabmäler im Museum oder auf Fotos ansehen
und in Kostümen nachstellen (s. Abb. links).

- **Fotografieren:** Original und Nachahmung nebeneinander
zeigen, wie auf dem Titelbild dieses Buches.

- **Foto-Montagen** herstellen und fotografieren:
Römischen Figuren eure Köpfe oder Lehrerköpfe aufkleben,
fotografieren, mit witzigen Untertiteln kommentieren.

- **Lebensgroße Figuren** aus Hartfaserplatten herstellen,
in Römerkleidern präsentieren: Abb. S. 9.

- Aktion **„Ich als Römer":** Lebensgroße Figuren ohne Kopf
auf Hartfaserplatte malen, aufstellen. Moderne Köpfe aufsetzen:
Ihr stellt euch hinter die Figuren und laßt euch fotografieren.
Auch als Angebot für das nächste Schulfest!

- **Ausstellung „Römische Kleidung"** veranstalten.
Dazu die Bevölkerungs-„Pyramide" S. 17
als Wandposter gestalten.

- Figuren für eine **Miniaturbühne** herstellen, S. 57/58.

- **Römisches Karnevalsfest** veranstalten:
die besten **Römerkostüme prämieren**!

- **Triumphzug durch die Stadt** veranstalten:
In Soldatentuniken, Senatorentogen und Triumphatorkleidung,
mit Triumphwagen (Fahrradanhänger/Bollerwagen) zum
„Kapitolstempel" ziehen, dazu Triumphmarsch aus
Verdis „Aida". „Opfer" darbringen, dazu Flötenmusik live.
„Goldmünzen" an das Volk verteilen (Münzzeichnung mit
Werbung für Veranstaltung). Darüber einen Video-Film
als Dokumentation drehen.

**MULTI-
MEDIA-
MODENSCHAU**

- Eine **Multi-Media-Modenschau „Kaiserliche Kleider – Augustus und die julisch-claudische Familie"** veranstalten (vgl. S. 84 – 92):

  → Dias oder Folien von der Ara Pacis (s. Abb. unten) zeigen.

  → Die Personen der Kaiserfamilie darstellen: Jede wird mit Namen und kurzem Lebenslauf vorgestellt und dann „zum Leben erweckt": Ein Model steht im gleichen Gewand in gleicher Position, beginnt sich zu bewegen.

  → Das Gewand wird erklärt und vorgeführt … Es folgen die nächsten Figuren.

A   B   C   C C C   D   E F G   H   I   K   L

▲ *Große Prozession
zur Weihung der ARA PACIS*

*(nach: Coarelli, Archäolog.
Führer Rom, S. 274)*

Bilderklärung: **A** *Liktoren.* **B** *Augustus zwischen den beiden Konsuln Varus und Nero.* **C** *Priester des Kaiserkults in Umhang und Kappe.* **D** *Opferdiener mit Beil.* **E** *Agrippa (Feldherr, Freund und Schwiegersohn des Augustus).* **F** *Gaius Caesar (Sohn von Agrippa und Julia).* **G** *Julia (Augustus' Tochter, verheiratet in 2. Ehe mit Agrippa, in 3. mit Tiberius).* **H** *Tiberius (Sohn von Augustus' 2. Gemahlin Livia. Nach Agrippas Tod verheiratet mit Julia. Kaiser 14–37 n.Chr.).* **I** *Antonia (Tochter von Marcus Antonius und Augustus' Schwester Octavia).* **K** *Drusus (Sohn der Livia).* **L** *Germanicus (Sohn von Antonia und Drusus).*

INFORMATIONEN ZUSAMMENSTELLEN UND PRÄSENTIEREN, Z.B. AUS:

Huber, Heide: **Kleidung und Stand in der Römerzeit,** Stuttgart 1990[11] (Klett), ISBN 3-12-993129-5 *(Dia-Serie mit Begleitheft),*
dazu: **Geschichte lernen, Sammelband Antike,** 1996, Bestell.-Nr. 92134.
Bezug: Friedrich Verlag, Postfach 100150, 30917 Seelze.

Marquardt, Joachim: **Das Privatleben der Römer,** Darmstadt 1980 (Wiss. Buchges.), ISBN 3-534-02082-0. *(Ausführliche Darstellung mit Textquellen, s/w-Abb.)*

Müller-Vogel: **Römische Kleider zum Selbernähen,** Augster Museumsheft 1986. *(90 S.)* Bezug: Römermuseum Augst, Giebenacherstr. 17, CH 4302 Augst.

Pekridou-Gorecki, Anastasia: **Mode im antiken Griechenland,** München 1989 (Beck), ISBN 3-406-33908-5. *(Geschichte der griech. Mode, s/w-Abb.)*

Schneider, Beate / Wickum-Höver, Edeltraud: **Kleider machen Römer. Materialien zur römischen Kleidung für Schule und Freizeit,** Köln 1997. *(80 S., s/w-Abb. Nähanleitungen, Schnitte.)* Bezug: Museumsbuchhandlung Kösel im Römisch-Germanischen Museum, Roncalliplatz 4, 50667 Köln.

Zanker, Paul: **Augustus und die Macht der Bilder,** München 1990 (Beck), ISBN: 3-406-34514-X. *(Gute Bilder der ARA PACIS!)*

PROJEKTMAPPE: DIE RÖMERZEIT

HEISS UND DEFTIG ESSEN AN DER THERMO-THEKE

Wie wär's mit einem römischen Imbiss bei eurem nächsten Fest?
Hier findet ihr acht einfache Rezepte auf illustrierten „Rezeptkarten".
Jede Gruppe sucht sich ein Gericht aus und bereitet es zum Fest vor.
Ihr serviert die Speisen mundgerecht geschnitten stilecht in Schüsselchen:
Als Römer braucht ihr weder Messer noch Gabeln.
Suppen essen eure Gäste mit Löffeln, alles andere mit den Fingern.

Ihr könnt einen „Schnellimbiss" (THERMOPOLIUM)
mit einer Thermo-Theke wie auf dem Bild einrichten.
Auch für eine Römerkneipe (CAUPONA)
samt Geschirr und Dekoration findet ihr hier Anregungen.

▲ *THERMOPOLIUM*

(nach: Laur-Belart, Domus Romana
Augustae Rauricae, S. 25)

▲ *CAUPONA*

(nach: Etienne, Pompeji, S. 207)

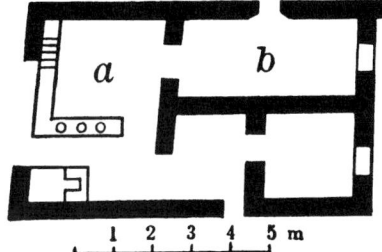

▲ *Grundriss eines THERMOPOLIUM (a) mit CAUPONA (b)*

(nach: Etienne, Pompeji, S. 206)

PROJEKTMAPPE: DIE RÖMERZEIT

BILDKARTEN
„HAUSRAT UND GESCHIRR"

Getreidemühle

(Hürbin, Römisches Brot, S. 1)

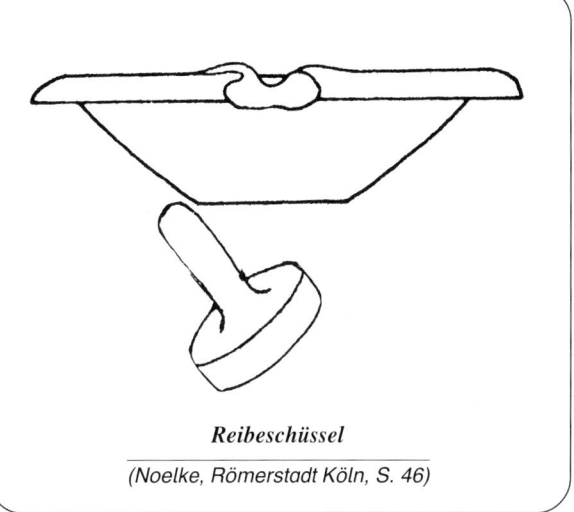

Reibeschüssel

(Noelke, Römerstadt Köln, S. 46)

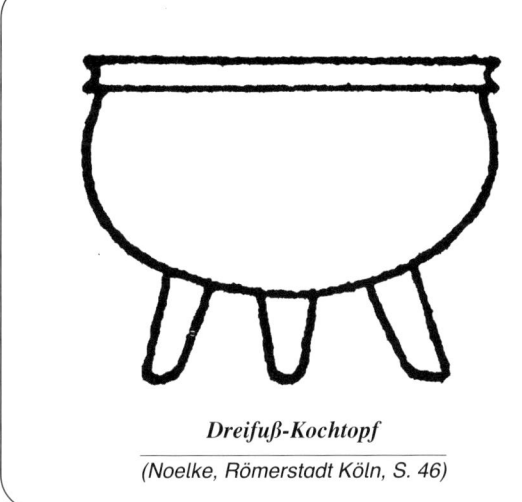

Dreifuß-Kochtopf

(Noelke, Römerstadt Köln, S. 46)

Keramikschüssel (Terra Sigillata)

(Noelke, Römerstadt Köln, S. 46)

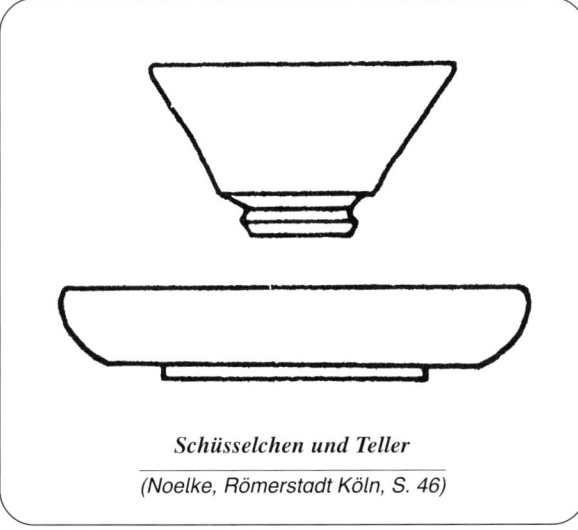

Schüsselchen und Teller

(Noelke, Römerstadt Köln, S. 46)

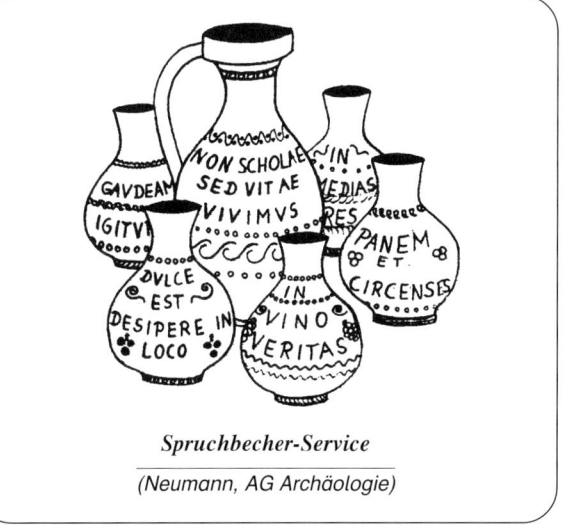

Spruchbecher-Service

(Neumann, AG Archäologie)

PROJEKTMAPPE: DIE RÖMERZEIT

REZEPTKARTEN (1)
EINFACHE RÖMISCHE REZEPTE

(Hürbin, Römisches Brot)

PANIS QUASI ROMANUS
„Echtes" Römer-Brot

700 g Weizenschrotmehl (evtl. mit feinerem Mehl gemischt), ½ l warmes Wasser, 1 TL (20 g) Salz, 1 EL (30 g) Honig, Sauerteig bzw. 1–1½ Würfel (40 g) Hefe zu einem Teig kneten, zugedeckt 20 Minuten gehen lassen. Erneut kneten, bei Bedarf etwas Mehl zugeben. Wie in der Abbildung zu flachen runden Broten formen, tortenartig einkerben und noch einmal gehen lassen. Goldgelb backen (ca. 45 Minuten bei 220 Grad). *(Rezept aus Augst)*

(nach: Laur-Belart, Domus Romana Augustae Rauricae, S. 25)

MUSTEI
Mostbrötchen

Einen Teig herstellen aus 500 g Mehl, 0,3 l Traubensaft, Sauerteig bzw. 1–1½ Würfel Hefe, 1 EL Anis, 1 EL Kreuzkümmel, 100 g Schmalz, 50 g geriebenem Käse, 20 Minuten zugedeckt gehen lassen und noch einmal kneten. Brötchen formen (zum Sattessen 3 cm, Minibrötchen zum Probieren 1,5 cm).
Auf getrocknete Lorbeerblätter setzen und goldbraun backen (ca. 30 Minuten bei 180 Grad).

(Nach Catos Buch „Die Landwirtschaft": Rezept für eine ganze FAMILIA)

(nach: Forman, Die Römer, S. 29)

PULS LEGIONARIA MARCIANA
Legionärsbrei nach dem Historiker Marcus Junkelmann

500 g geschroteter Weizen, 2 l Wasser, 1 Esslöffel Salz, ½ Esslöffel Pfeffer, 1 gehackte Zwiebel, 3 gehackte Knoblauchzehen, 50 g Würfel-Speck. Kochzeit im Dampfkochtopf: 15 Minuten, zum Kochen bringen, dann ohne Hitzezufuhr quellen lassen.

REZEPTKARTEN (2)
EINFACHE RÖMISCHE REZEPTE

PULTES IULIANAE
Eintopf à la Julian

250 g Gries mit 2 l Wasser, 1 EL Öl,
je ½–1 TL gemahlenem Pfeffer, Liebstöckel, Fenchel,
1 Glas Wein, ½ Tube Sardellenpaste (oder 1 TL Salz) und
250 g Gehacktem unter ständigem Rühren weichkochen,
quellen lassen, je nach Geschmack pürieren.

(nach: Museumscafé Xanten)

LUCANICAE
Lukanische Würstchen

Hackfleisch pikant würzen mit Pfeffer,
Kümmel, Bohnenkraut, Raute, Petersilie,
Gewürzkraut, Lorbeeren, Sardellenpaste
(oder Salz).
Würstchen formen, in die Mitte grünen Pfeffer
und Pinienkerne geben und wie Cevapcici
braten.
Tipp: Beim Metzger herstellen
und räuchern lassen.

(Laur-Belart, Domus Romana Augustae Rauricae, S. 27)

LENTICULAE DE CASTANEIS
süß-saure Linsen mit Kastanien

500 g Esskastanien im Dampfkochtopf 10 Minuten kochen;
abschrecken, schälen. 500 g Linsen in 1 l Wasser weich
kochen (10 Min. im Dampftopf). Im Mörser je 1 TL Kreuzkümmel, Koriandersamen, Pfeffer, je ½ TL getrocknete
Minze, Raute zerstoßen und zu einer pikanten Soße mit
2–3 EL Essig, 2–3 EL Olivenöl, 1 EL Honig, ½–1 Tube
Sardellenpaste verquirlen (in Schraubdeckelglas kräftig
schütteln). Mit Linsen und Kastanien aufkochen,
ziehen lassen; je nach Geschmack pürieren.

(Laur-Belart, Domus Romana Augustae Rauricae, S. 10)

PROJEKTMAPPE: DIE RÖMERZEIT

REZEPTKARTEN (3)
EINFACHE RÖMISCHE REZEPTE

(nach: Carcopino, Rom, S. 365)

IN PULLO ELIXO IUS CRUDUM
Kalte Soße für gekochtes Huhn

100 g getrocknete Datteln entsteinen
und mit folgenden Zutaten pürieren:
¼ TL getrocknete Minze, ¼ TL Dill (Samen),
1 EL Senf, 1 EL Sardellenpaste (ersatzweise
etwas Salz), 1 EL eingedickter Traubensaft
(ersatzweise 1 TL Frusip), je 4 EL Essig und Öl.
Gekochtes Hühnchen in mundgerechte Stücke
teilen, mit der Soße servieren.
Beilage: Fladenbrot.

(nach: Huber, Lateinstart mit Spaß, S. 96)

OVA SPONGIA
„Schwamm-Eier" süß-pikant

Vier Eier mit einer Prise Salz
verquirlen, ¼ l Milch, 1 EL Öl
zufügen und gut verrühren.
Eier in Olivenöl bei kleiner Hitze
stocken lassen, auf einen Teller stürzen,
mit flüssigem Honig und frisch
gemahlenem Pfeffer servieren.

TIPPS UND PROJEKT-IDEEN

INFORMATIONEN ZUSAMMENSTELLEN UND PRÄSENTIEREN, Z.B. AUS:

Gerlach, Gudrun:
Essen und Trinken in römischer Zeit,
Führer und Schriften des Archäolog. Parks Xanten, Nr. 9,
Köln 1994 (Rheinl. V.),
ISBN 3-7927-0923-6
(36 S., knappe Zusammenfassung, 19 Rezepte, s/w-Abb.).

Junkelmann, Marcus:
Aus dem Füllhorn Roms,
Mainz 1999 (v. Zabern),
ISBN 3-8053-2686-6
(34 Rezepte, Erfahrungsberichte, Farbfotos).

Auszug aus
Junkelmann, Marcus:
Panis Militaris,
Mainz 1997 (v. Zabern),
ISBN 3-8053-2332-8.

• Liste mit den **typisch römischen Zutaten** zusammenstellen, Erklärungen notieren.

• **RÖMERFEST** vorbereiten mit Essen, Ausstellung u.Ä.:

→ **Römer-Kneipe,** CAUPONA einrichten, antik dekorieren, s. S. 56.

→ **Thermo-Theke** einrichten: Töpfe auf Wärmeplatten/ Stövchen stellen, mit Spanplatten verkleiden, diese mit Ziegel- oder Marmortapete (aus dem Baumarkt) bekleben.

→ **Einladungen und Plakate** mit den Abbildungen gestalten.

→ Plakate als **Sandwich-Man** umhängen, für das Fest werben gehen; **Rezeptkarten** an die Besucher verteilen und für die Römerkneipe (CAUPONA) werben.

→ **Servietten** mit antiken Mustern bedrucken (Kartoffeldruck), s. S. 61.

→ Abbildungen der Rezepte und der Gefäße S. 47 auf **Karton** kopieren und **bunt malen.** Seiten laminieren (in Folie einschweißen), als **Platzdeckchen** hinlegen. Die Seiten zu Quadraten schneiden, als **Untersetzer** benutzen.

→ Becher und Kannen als **Spruchbecher** bemalen, lackieren.

→ **Geschirr, Öllämpchen** töpfern oder malen.

→ **Römerbrot amerikanisch versteigern:** Ein Versteigerer (Auktionator) legt einen angemessenen Preis für den Gegenstand fest und fordert die Zuhörer zu höheren Angeboten heraus. Der erste Kaufwillige zahlt den Grundpreis in die Kasse. Die folgenden Bieter bezahlen die Differenz zwischen dem vorher gebotenen Preis und dem von ihnen genannten. Wer zuletzt bietet, erhält den Gegenstand für den zugezahlten Betrag.

→ **„Kunstwerke"** (Untersetzer, Platzdeckchen, Servietten, gemalte Bilder …) **amerikanisch versteigern:** als höchste Kunst-Wertanlage anpreisen – dazu braucht ihr einen schlagfertigen Auktionator.

→ **Römerkleider nähen** und beim Fest anziehen (s. S. 13–30).

→ **Musik** spielen, die den griechisch-römischen Instrumenten entspricht: Panflöte (z.B. mit Gheorghe Zamfir). Flöte (z.B. mit Frans Brüggen oder Hans Jürgen Hufeisen). Saiteninstrumente, die gezupft oder mit Plättchen geschlagen werden, wie Gitarre, Bouzouki (z.B. „Zorbas der Grieche" von Theodorakis), Harfe. (Keine Streichinstrumente wie Geige usw., denn man kannte den Bogen noch nicht!)

PROJEKTMAPPE: DIE RÖMERZEIT

LUKULLISCH SPEISEN IM TRICLINIUM

Möchtet ihr statt eines einfachen
Römerimbisses lieber etwas Edleres bieten?
Dann richtet eure Klasse als vornehmes
Speisezimmer (TRICLINIUM) ein!
Dazu braucht ihr einen kleinen runden Tisch und drei Liegen.
Das Zimmer stattet ihr mit edlen Römer-Requisiten aus,
wie ihr sie auf den Bildern seht.
Und dann serviert ihr ein lukullisches Römermenü
nach den folgenden Rezepten –
aber bitte ohne Messer und Gabel!
Denn auch die Vornehmen
aßen mit den Fingern.

▲ *Gastmahl im Triclinium*

(nach: Laur-Belart, Domus Romana Augustae
Raurica Constructa, S.16)

ESSEN UND TRINKEN BEI DEN RÖMERN (1)

Die Römer ernährten sich vorwiegend von Getreide, Hülsenfrüchten und Gemüse.
Fleisch und Fisch waren für den „Normalbürger" zu teuer.
Aber auch die wohlhabenden Römer aßen weniger Fleisch als wir heute.
Dabei bevorzugten sie Geflügel, Schwein oder Wild.
Dagegen war Rindfleisch wenig beliebt.
Das Essen wurde mit vielen Kräutern und Gewürzen angerichtet.
Man benutzte kaum Salz, denn Salz war teuer.
Wer es sich leisten konnte, verwendete die berühmte
Gewürzsoße GARUM oder LIQUAMEN.

LIQUAMEN/GARUM
pikante römische Würzsoße,
die fabrikmäßig in Spezialbetrieben
hergestellt wurde: das „Maggi" der Antike!

Sardellen u.a. kleine Fische wurden eingesalzen.
Unter Wärmeeinwirkung fermentierte der Fisch,
d.h. Salz und Wärme bewirkten einen chemischen Vorgang,
durch den eine haltbare pikante Soße entstand.
Der Prozess ist vergleichbar
mit der Verwandlung von Milch in Jogurt.
Nach dem Geheimrezept des jeweiligen Herstellers
wurden Gewürze und Wein zugegeben.
LIQUAMEN verlieh den Speisen eine pikante Würze,
ohne dass sie nach Fisch schmeckten.
Heute kann man LIQUAMEN im Jogurt-Bereiter herstellen
oder einfach durch Sardellenpaste ersetzen.
Selbst Fischverächter werden mit Genuss essen,
denn die Gerichte schmecken süß-sauer-scharf,
nach vielerlei Gewürzen, aber nicht nach Fisch!
Wer jedes Experiment scheut,
kann mit Worcestersoße
oder Salz würzen.

DEFRUTUM
auf ein Drittel
eingekochter Traubenmost,
d.h. Traubensaft
im Gärungsprozess,
bevor er zu Wein wird.

DEFRUTUM
verleiht den Speisen
einen süß-säuerlichen
Geschmack.
Als DEFRUTUM
kann man Traubensaft
mit etwas Wein mischen
und auf die Hälfte einkochen
oder fertigen Traubensirup
verwenden, z.B. Frusip
„Rote Traube".

Zu trinken gab es frisches Leitungswasser.
Ein guter Durstlöscher war POSCA, ein billiges Getränk aus Traubenresten.
Für den modernen Geschmack wäre es reichlich sauer:
Wer es sich leisten konnte, mischte etwas Honig hinein.
Wein wurde mit Wasser gemischt serviert.
Wer unverdünnten Wein trank, galt als Säufer.
Als delikater Aperitif wurde Honigwein (MULSUM) gereicht.
Bier tranken nur die barbarischen Germanen und die Ägypter.

ESSEN UND TRINKEN BEI DEN RÖMERN (2)

LUKULLISCH SPEISEN WIE DIE REICHEN RÖMER

Auch die vermögenden Römer ernährten sich für unsere Begriffe ausgesprochen bescheiden. Das bezeugt Plinius, ein reicher Großgrundbesitzer, Rechtsanwalt, Statthalter in Asien und Freund des Kaisers Trajan: Morgens trank er nur Wasser, mittags aß er ein Stück Brot (ohne Butter!) mit etwas Käse und ein paar Oliven. Von einfachem Getreidebrei (PULS) ernährte sich Kaiser Hadrian auf seinen Reisen.

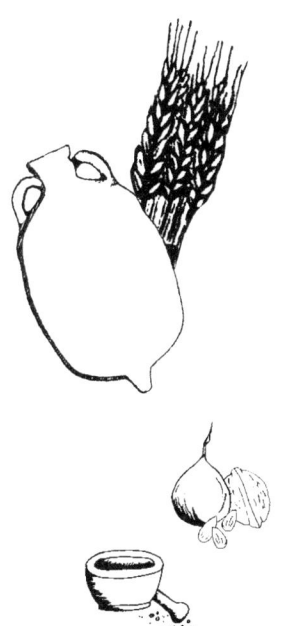

Bei festlichen Gelegenheiten aber gab es erlesene Speisen aus exotischen Zutaten – ähnlich wie heute bei Staatsempfängen u.ä. Veranstaltungen. Rezepte für solche Gelegenheiten sind in Apicius' Buch „Über die Kochkunst: De re coquinaria" erhalten. Die 478 Luxusrezepte waren für die herrschaftlichen Profi-Köche bestimmt. Da brauchte Apicius die Menge der Zutaten und die Zubereitung nicht genauer anzugeben.
Apicius lebte zur Zeit des Kaisers Tiberius (14–37 n.Chr.) und liebte die ausgefallene Luxusküche. So blieben von seinem ungeheuren Vermögen von 100 Millionen Sesterzen (HS) „nur" 10 Millionen übrig. Da beschloss er, sich zu vergiften, denn er wollte nicht essen „wie ein einfacher Mann".
(Zum Vergleich: Voraussetzung für den Senatorenstand war ein Vermögen von 1 Million HS. 900 HS verdiente ein Legionär – im Jahr (!). 750 HS im Jahr brauchte man zur Zeit des Augustus für einfaches Essen und Wohnen (Existenzminimum).

Wie teuer die römischen Luxusspeisen waren, kann man ahnen, wenn man sich die Transportwege genauer ansieht.
Nur weniges ließ sich konservieren, in Honig oder Essig einlegen oder trocknen. So wurden Pflaumen aus Damaskus, Feigen aus Asien oder Datteln aus Afrika per Schiff nach Rom importiert.

Leicht verderbliche Delikatessen wie Austern wurden von reitenden Eilboten in Tag-und-Nacht-Ritten transportiert, ein teurer Luxus.
Gewürze wie Pfeffer und Curry mussten mit Karawanen – d.h. zu Fuß! – durch ganz Asien getragen werden.
Wenn die Kostbarkeiten nach der unvorstellbar schwierigen Reise in Rom ankamen, war vieles verdorben – oder gestohlen; die geringen Reste wurden um so teurer. Deshalb waren solche Zutaten eine Art Statussymbol: Je gepfefferter die Speisen, desto reicher der Gastgeber.

ESSEN UND TRINKEN BEI DEN RÖMERN (3)

Unser Ausdruck „lukullisch speisen" geht auf einen solchen reichen Feinschmecker zurück. Lucullus brachte uns die Kirsche und andere Köstlichkeiten aus Asien nach Europa.
Für uns ist manche Römer-Delikatesse zum Alltagsessen geworden, dank Luftfracht und Tiefkühl-Container.
Wir können uns kaum noch vorstellen, dass es viele Lebensmittel nur zu bestimmten Jahreszeiten gab: Eier, Milch und Lamm nur im Frühjahr, Äpfel und Birnen nur im Herbst.
Apfelsinen gab es überhaupt nicht: Der „Apfel-China" kam erst um 1700 n.Chr. aus China zu uns.

EIN RÖMISCHES MENÜ

Wie bei heutigen Festessen gab es mehrere Gänge:
Als Vorspeisen (GUSTATIO = Kostprobe) gab es Eier, Gemüse oder Kleinigkeiten in raffinierten Soßen.
Als Hauptgang („MENSA PRIMA = 1. Tisch") servierte man Fleisch oder Fisch und Gemüse – aber weder Nudeln noch Kartoffeln. Kartoffeln, Tomaten, Paprika und Mais kamen erst nach der Entdeckung Amerikas auf unseren Speiseplan.
Zum Nachtisch („MENSA SECUNDA = 2. Tisch") gab es Süßspeisen und Obst.

RÖMISCHE IMBISSSTUBEN

Die Wohnungen in den römischen Stadthäusern waren eng und zum großen Teil aus Holz gebaut. So besaßen die meisten weder Herd noch Backofen, denn diese brauchten viel Platz und waren zudem feuergefährlich.
Deswegen gab es in den Städten viele Imbissstuben, THERMOPOLIA. In Pompeji sind mehrere solcher Garküchen erhalten. Man erkennt sie an der gemauerten Theke mit den „Thermo-Töpfen", die das Essen warm hielten.
Ein THERMOPOLIUM war zur Straße hin offen. Die Gäste aßen im Stehen. Oft gab es noch einen geschlossenen Hinterraum als Kneipe: CAUPONA. Hier saß der einfache Römer beim Imbiss oder beim Würfelspiel. Der Vornehme speiste zu Hause.

▶
CAUPONA

(nach: Etienne, Pompeji, S. 207)

ESSEN UND TRINKEN BEI DEN RÖMERN (4)

DIE TISCHSITTEN DER VORNEHMEN RÖMER

Bei festlichen Anlässen speisten die Römer, wie schon die Griechen und Etrusker, im Liegen. Man stützte sich auf den linken Ellenbogen, die Rechte war frei zum Essen und Trinken. Ehrbare Frauen aber saßen auf Korbsesseln, falls sie überhaupt am Gelage teilnahmen.

▶
Kline auf einem griechischen Vasenbild

(Reichhold, Attische Vasenbilder, S. 10)

ANORDNUNG DER KLINEN

Das römische Esszimmer hieß nach den Speisesofas TRICLINIUM (tri = 3, Kline = Liege): „Drei-Liegen-Zimmer". Hier gab es keinen großen Esstisch wie heute. Vielmehr stand ein kleiner Tisch in der Mitte, um ihn herum in U-Form die Speisesofas. Auf jedem Sofa konnten drei Personen lagern. Die linke Seite auf der mittleren Kline (LOCUS CONSULARIS) war für den Ehrengast reserviert, daneben hatte der Hausherr seinen Platz (Abb. S. 43).

Gastmähler finden wir oft auf Grabmälern abgebildet, manchmal sind auch die Grabkammern wie ein Triclinium eingerichtet. Offensichtlich stellten sich Griechen, Etrusker und Römer das Paradies als ewiges lukullisches Gastmahl vor.

▲ *Die Weidener Grabkammer bei Köln*

(nach: Wolff, Das Röm.-German. Köln, S. 231)

ESSEN UND TRINKEN BEI DEN RÖMERN (5)

KUNST IM TRICLINIUM
Die Speisezimmer waren sparsam, aber kunstvoll möbliert.
Tisch und Klinen bestanden aus edlem Holz und waren oft
mit Bronze oder sogar Silber verziert. Zahlreiche Kandelaber
mit Öllämpchen und Kerzen erleuchteten den Raum mit seinen
Kunstwerken.
Die Wände waren jeweils nach der neuesten Mode bemalt.
Im Triclinium stellte der Kunstkenner seine Schätze zur Schau.
Kostbare griechische Vasen und Statuen waren besonders beliebt.
Dafür wurden hohe Liebhaberpreise gezahlt.
Eine besondere Kostbarkeit waren Mosaikböden mit bunten
Bildern von Sagengestalten oder Trinkszenen, die von Ornamenten
eingerahmt waren. Triclinia mussten 60–80 m² groß sein,
damit die Klinen Platz darin fanden. Für eine solche Fläche
brauchte man 1–2 Millionen Mosaiksteinchen aus Marmor,
Terrakotta oder Glas und dazu vor allem fähige Künstler.
Ein solcher „Teppich" aus Steinen war also ein außerordentlich
teurer Luxus.

MUSIK
Zum festlichen Gelage spielten Musiker
auf vielerlei Instrumenten, z.B. auf der Leier (LYRA),
der Doppelflöte (griechisch AULOS – römisch TIBIAE),
der Planflöte (SYRINX), dem Tamburin (TYMPANON),
den Handklappern (CROTOLA, Vorfahren der Kastagnetten)
u.a.

▶
*Antike Musikinstrumente
(v. l. n. r.: Lyra, Aulos, Syrinx,
Tympanon, Handklappern)*

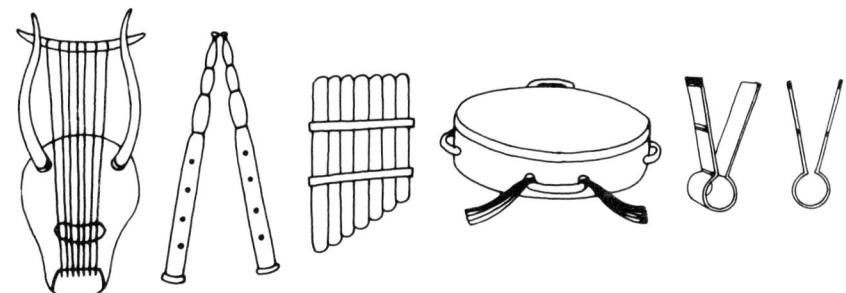

KÜCHE UND KÖCHE
Erstaunlicherweise waren selbst in den großen Villen
die Küchen ziemlich klein. Neben dem gemauerten offenen Herd
war nur ein schmaler Platz zum Arbeiten. Die steinernen Backöfen
waren wegen der großen Hitze oft nach draußen ausgelagert.
Nur bei den Armen kochten die Hausfrauen selbst.
Wohlhabende Familien hatten meist mehrere Köche, in der
Regel Sklaven. Die Spezialisten waren berühmt und so teuer,
dass nur die Reichsten sich einen solchen „Fünf-Sterne-Koch"
leisten konnten.

EINRICHTUNG DES ORPHEUS-TRICLINIUMS (BERLIN)

(Siehe auch die Abbildung auf S. 63)

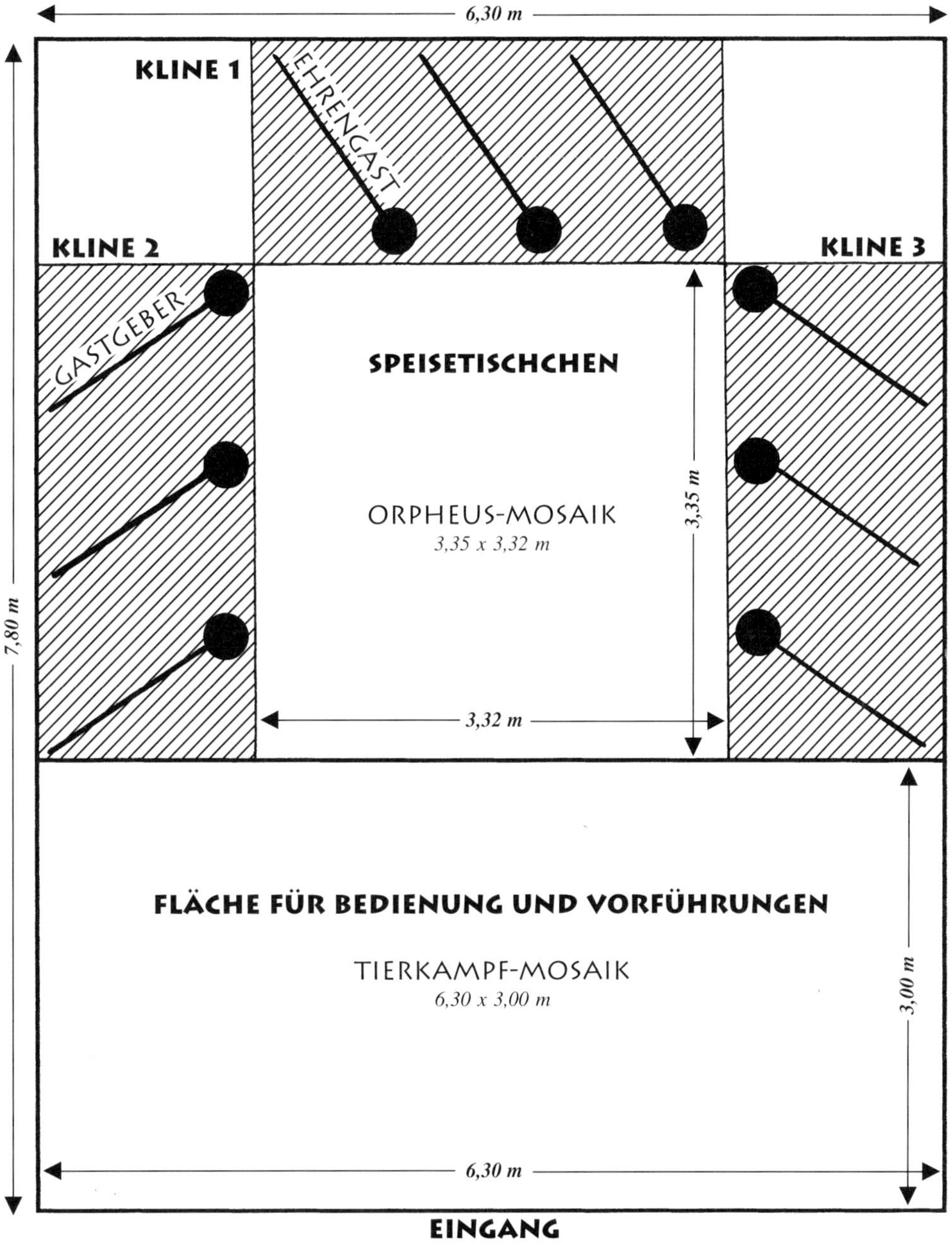

6,30 m

KLINE 1

EHRENGAST

KLINE 2   KLINE 3

GASTGEBER

SPEISETISCHCHEN

ORPHEUS-MOSAIK
3,35 x 3,32 m

3,35 m

7,80 m

3,32 m

FLÄCHE FÜR BEDIENUNG UND VORFÜHRUNGEN

TIERKAMPF-MOSAIK
6,30 x 3,00 m

3,00 m

6,30 m

EINGANG

PROJEKTMAPPE: DIE RÖMERZEIT

KOCHEN WIE APICIUS (1)
GUSTATIO – VORSPEISEN

BASIS-SOSSE À LA APICIUS

1 Tube Sardellenpaste, 1½ Eßlöffel Honig, 3 Eßlöffel Essig, 3 Eßlöffel Olivenöl verrühren, ½ Teelöffel Pfeffer aus der Pfeffermühle dazugeben und in einem Schraubglas kräftig schütteln.
Für viele Rezepte kommt je ½ Teelöffel türkischer Kreuzkümmel und Koriander dazu. Frischer Koriander (in Asia-Läden) hat ein sehr intensives Aroma, das sich in den Töpfen festsetzt. Man kann ihn durch die Körner ersetzen, die aber ganz anders schmecken.

CUCURBITAS MORE ALEXANDRINO

Zucchini à la Alexandria
Zucchini dünsten. Basis-Soße (s.o.) mit Pfeffer, Kümmel, Koriandersamen, frischer Minze, Laserwurzel, Jerichodatteln und Pinienkernen vermischen.
Honig, Essig, Liquamen (oder Sardellenpaste), defrutum, Öl.
CUCURBITAS MORE ALEXANDRINO (III, 4,3. S. 34)*
elixatas cucurbitas exprimis, sale asparges, in patinam compones. Teres piper, cuminum, coriandri semen, mentam viridem, laseris radicem, suffundes acetum, adicies cariotam, nucleum, teres, melle, acetum, liquamine, defrito et oleum temperabis, et cucurbitas perfundes. Cum ferbuerint, piper asparges et inferes.

CARDUOS

Artischocken mit Eiern
Hartgekochte Eier hacken, mit einer Soße aus Essig, Öl, Honig und Sardellenpaste mit Raute, Minze, Koriander, Fenchel, Pfeffer, Liebstöckel vermischen, über die Artischocken geben, ziehen lassen.
CARDUOS (III, 19, 1–2. S. 42)*
Carduos: 1. liquamine, oleo et ovis concisis,
2. rutam, mentam, coriandrum, feniculum, omnia viridia teres.
Addes piper, ligusticum, mel, liquamen et oleum.

CYMAS ET COLICLOS

Brokkoli und Frühlingskohl
Rohkost oder angedünsteter Salat: Brokkoli oder Weißkohl marinieren mit einer Soße aus Kreuzkümmel, Salz, altem Wein, Öl, Pfeffer, Liebstöckel, Minze, Raute, Koriander und Sardellenpaste.
CYMAS et COLICLOS (III, 9, 1 ff. S. 38)*
Cuminum, salem, vinum vetus et oleum. Si voles, addes piper et ligusticum, mentam, rutam, coriandrum, liquamen.

KOCHEN WIE APICIUS (2)
MENSA PRIMA – HAUPTGANG

PULLUS VARIANUS

Hühnchen mit weißer Soße à la Varius
Hühnchen mit Liquamen, Öl und Wein, einem Bündel Lauch,
frischem Koriander und Bohnenkraut kochen und warmstellen.
Für die „weiße Soße" 100 g eingeweichte Pinienkerne (oder
Mandeln) mit reichlich Pfeffer pürieren, mit etwas Milch und
Brühe verlängern. Mit zerstampftem gekochtem Eiweiß andicken.
Das Hühnchen auf einer Platte mit der Soße übergießen
und servieren.
PULLUS VARIANUS (VI, 9,12. S. 96)*
*Pullum coques iure hoc: Liquamine, oleo, vino, fasciculum porri,
coriandri, satureia. Cum coctus fuerit, teres piper, nucleos, cyathos
duos et ius de suo sibi suffundis – et fasciculos proicies – lacte
temperas et reexinanies in mortarium supra pullum, ut ferveat.
Obligas eundem albamentis ovorum tritis, ponis in lance et iure
supra scripto perfundis. Hoc ius candidum appellatur.*

MINUTAL MATIANUM

Schweineschulter à la Matius
1 kg Schweineschulter würfeln und fast gar kochen.
Mit 500 g kleingeschnittenen Äpfeln und 250 g Fleischklößchen
und folgender Würzsoße aufkochen: Etwas Brühe mit 2 EL Öl,
½ Tube Sardellenpaste, ½ Bund frischem Koriander oder
1 TL Koriandersamen, 1 TL Kreuzkümmel, ½ TL Minze,
2 EL Honig, 2–3 EL Essig, 1 Glas Süßmost (süßer Wein).
Die Äpfel sollten noch Biss haben.
Mit Paniermehl etwas andicken, mit Pfeffer pikant würzen.
(Als Beilage: Fladenbrot.)
MINUTAL MATIANUM (IV, 3,4. S. 64 f.)*
*Adicies in cacabum oleum, liquamen, cocturam, concides porrum,
coriandrum, isicia minuta. Spatulam porcinam coctam tessellatim
concides cum sua tergilla. Facies, ut simul coquantur.
Media coctura mala Matiana purgata intrinsecus concisa
tessellatim mittes. Dum coquitur, teres piper, cuminum, coriandrum
viridem vel semen, mentam, laseris radicem, suffundis acetum, mel,
liquamen, defritum modice et ius de suo sibi. Aceto modico
temperabis. Facies, ut ferveat. Cum ferbuerit, tractam confringes
et ex ea obligas. Piper asparges.*

KOCHEN WIE APICIUS (3)
MENSA SECUNDA – NACHTISCH

DULCIA DOMESTICA   *Hausgemachte Süßspeise: gefüllte Datteln*
Datteln mit Nüssen, Pinienkernen und grünem Pfeffer füllen.
Mit Honig servieren und nach dem Geschmack der Gäste pikant
mit Salz und frischem Pfeffer aus der Mühle bestreuen.
DULCIA DOMESTICA (VII, 13,1. S. 112)*
Palmulas excepto semine nuce vel nucleis vel piper tritum
infercies. Sales foris et in melle inferes.

꧁꧂꧁꧂꧁꧂꧁꧂꧁꧂꧁꧂꧁꧂꧁꧂꧁꧂꧁꧂꧁꧂꧁꧂꧁꧂

DULCIA   *Süß-pikante Plätzchen ohne Backofen*
250 g mittelfein gemahlenen Weizen in ¼ l Wasser und ¼ l Milch
mit einer Prise Salz unter ständigem Rühren zum einem festen Brei
kochen. Auf einem Blech flach ausstreichen und erkalten lassen.
In Quadrate (3 x 3 cm) schneiden. In heißem Olivenöl braten,
mit Honig, Pfeffer und Salz pikant würzen, heiß servieren.
(Auch als Beilage!)
DULCIA (VII, 13,6. S. 114)*
Accipies similam, coques in aqua calida, ita ut durissimam pultem
facies, deinde in patellam expandis. Cum refrixerit, concidis quasi
dulcia et frigis in oleo optimo. Levas, perfundis mel, piper aspergis
et inferes. Melius feceris, si lac pro aqua miseris.

*) Seitenangaben und lateinische Texte nach der
zweisprachigen Reclam-Ausgabe von Robert Maier.
Apicius verwendet meist das Futur für seine Rezepte:
„Facies: du wirst machen." Prüft mal nach,
wie die wörtliche Übersetzung heißen müsste!
Hier findet ihr nämlich keine Übersetzungen,
sondern Rezepte, z.T. mit Mengenangaben,
die bei Apicius fehlen.

 PROJEKTMAPPE: DIE RÖMERZEIT

GRIECHISCH-RÖMISCHE GEFÄSSE

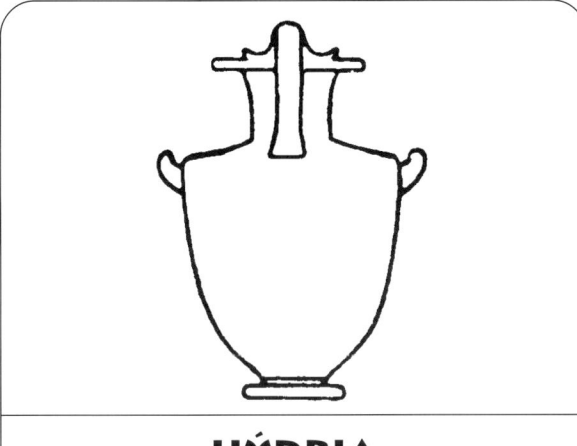

HÝDRIA
Wasservorratsgefäß

ÁMPHORA
Weinvorratsgefäß

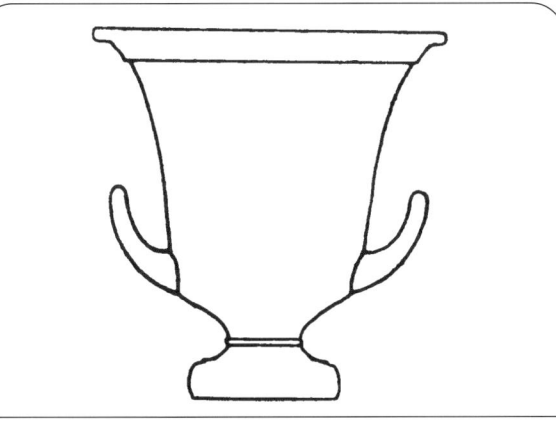

KRATÉR
Mischgefäß

LAGÓENA
Krug zum Einschenken

KÁNTHARUS
Weinpokal

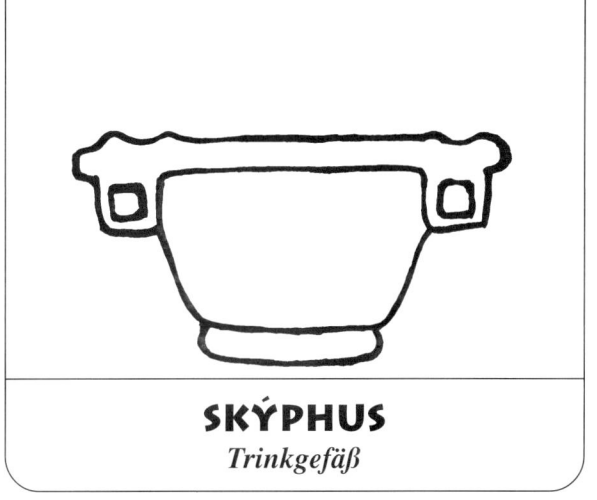

SKÝPHUS
Trinkgefäß

TIPPS UND PROJEKT-IDEEN

- **RÖMERFEST** gestalten wie im „Thermopolium" (s. S. 36):

  → **Poster von antiken Kunstwerken** in Museen, Reisebüros besorgen.

  → Deutsch-lateinische **Rezeptkarten** mit Illustrationen gestalten!

  → **TRICLINIUM einrichten** (s. S. 43):
  3 Liegen um 1 Tischchen stellen.
  Daneben evtl. Korbsessel.
  Raum nur mit Öllämpchen und Kerzen beleuchten.
  Kissen und Decken mit antiken Mustern dekorieren.

  → **„Kunstwerke"** fürs Triclinium selber gestalten, z.B.:
  - **Griechische Vasen** malen und als Dekoration verwenden.
    Bilder S. 47 auf terracottafarbenes Papier kopieren,
    in unterschiedlichen Techniken ausmalen:
    a) schwarzfigurige Technik: Gefäße schwarz malen
    und den Hintergrund rot lassen;
    b) rotfigurige Technik: Gefäße rot lassen,
    Hintergrund schwarz malen.
  - Die Seiten laminieren, als **Platzdeckchen** oder
    als **Untersetzer** auslegen.
  - **Tischchen mit Steinmosaik** oder Papiermosaik
    bekleben (S. 62).
  - **Keramikgeschirr,** Öllämpchen töpfern oder malen.
  - **Bilder** nach dem 1.–4. pompejanischen Stil malen,
    aufhängen.
  - Eine raumhohe **Stoffwand** im pompejanischen Stil malen,
    an der Stirnwand aufhängen (S. 56).
  - **Zwei raumhohe Wandbilder** malen, an Kartenständern
    aufhängen. Die Klasse damit in **drei Teile** („Kojen") teilen:
    Je 1 Koje als TRICLNIUM, CAUPONA und
    THERMOPOLIUM einrichten.

DER BESONDERE TIPP:

RÖMISCH ESSEN GEHEN

z.B. in Trier:
Römischer Weinkeller,
Hauptmarkt 5

z.B. in Xanten:
Herberge im
Archäologischen Park

INFORMATIONEN ZUSAMMENSTELLEN UND PRÄSENTIEREN, Z.B. AUS:

André, Jaques: **Essen und Trinken im alten Rom,** Stuttgart 1998 (Reclam), ISBN 3-15-010438-6 *(ausführliche Darstellung).*

Apicius: **Das römische Kochbuch, vollständige zweisprachige Ausgabe von Robert Maier,** Stuttgart 1991 (Reclam TB 8710), ISBN 3-15-008710-4 *(vollständige Textausgabe, Erläuterungen, einige Rezepte).*

Peschke, Hans-Peter v./ Feldmann, Walter: **200 Rezepte, Kochen wie die alten Römer, 200 Rezepte nach Apicius, für die heutige Küche umgesetzt,** Zürich 1998, ISBN 3-7608-1118-3 *(viele Tipps aus eigenen Experimenten!).*

SCHÖNER WOHNEN MIT DEN RÖMERN

Richtet doch mal eure Aula oder euer Zimmer römisch ein!
Oder möchtet ihr euch ein Römerhaus als Miniaturbühne bauen?
Hier findet ihr Tipps für beide Projekte und vieles mehr!

▲ *Blick durch das ATRIUM ins TABLINUM einer Römervilla*

(nach: Koller, Orbis Pictus Latinus, S. 247)

①Atrium, mit ② Wasserbecken (IMPLUVIUM), ③ Öffnung im Dach (COMPLUVIUM).

④Schlafzimmer (CUBICULUM).

⑤Seitenflügel (ALA).

⑥Empfangs- und Herrenzimmer (TABLINUM), durch Vorhang oder Holzwand abteilbar.

Hinten: **⑦Säulengang (PERISTYLIUM)** mit Gartenhof (HORTUS).

PROJEKTMAPPE: DIE RÖMERZEIT

DAS HAUS DES TRAGÖDIENDICHTERS
IN POMPEJI (1)

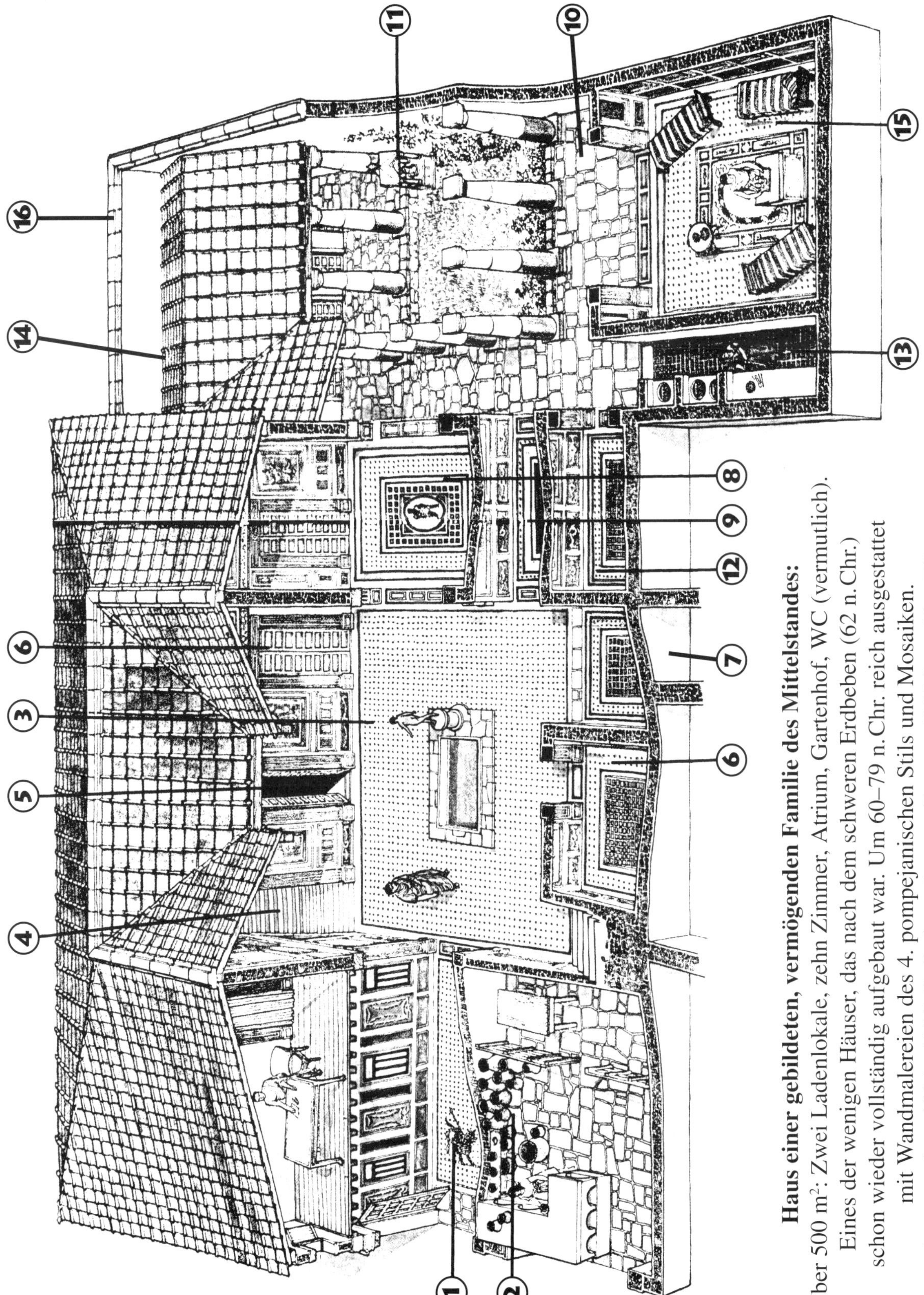

(11) (10)

(16) (15)

(14) (13)

(Forman, Die Römer, S. 15)

(8)

(9)

(12)

(6) (7)

(3)

(5) (6)

(4)

(1) (2)

Haus einer gebildeten, vermögenden Familie des Mittelstandes:

Über 500 m²: Zwei Ladenlokale, zehn Zimmer, Atrium, Gartenhof, WC (vermutlich).

Eines der wenigen Häuser, das nach dem schweren Erdbeben (62 n.Chr.) schon wieder vollständig aufgebaut war. Um 60–79 n.Chr. reich ausgestattet mit Wandmalereien des 4. pompejanischen Stils und Mosaiken.

Ausgegraben 1824–1825. In Bulwer-Lyttons Roman (1834) und im Film „Die letzten Tage von Pompeji" wird dieses Haus als Haus des Glaukos dargestellt.

DAS HAUS DES TRAGÖDIENDICHTERS IN POMPEJI (2)

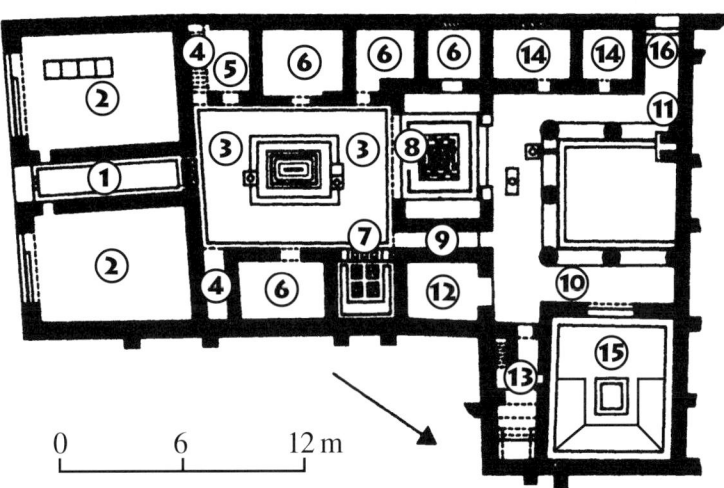

```
0        6        12 m
```

(Grundriss nach: Coarelli, Pompeji, S. 479)

(1) Haupteingang (FAUCES/VESTIBULUM) zur Via di Nola.
Mosaik: schwarzer Molosserhund auf weißem Grund.
Schwarze Schrift „Cave Canem" („Hüte dich vor dem Hund!").

(2) Ladenlokale: Ein Schnellimbiss (Thermopolium, s. S. 31),
ein Laden unbekannter Bestimmung

(3) ATRIUM: Offener Mittelraum mit Wasserbecken (IMPLUVIUM)

(4) Treppe

(5) Kammer für den **Türhüter** oder andere Bedienstete

(6) Schlafzimmer (CUBICULUM)

(7) Seitenflügel (ALA)

(8) Herrenzimmer (TABLINUM): Aufenthaltsraum und Empfangsraum für Gäste
und Geschäftspartner. Qualitätsvoller Mosaikfußboden aus kleinsten Steinchen
(TESSERAE: nur 1–2 mm groß): Tragödiendichter mit Schauspielern, die sich für
ein Satyrspiel (s. S. 68) umziehen. Wandmalereien: Trojanische Sagengestalten.

(9) Flur zum Gartenhof

(10) Säulengang (PERISTYLIUM) um den Garten.
Wandmalereien nach Homers Ilias u.a. „Die Opferung der Iphigenie".

(11) Altar für die Hausgötter (LARES) in Form eines Tempelchens.

(12) Wohnzimmer (OECUS). Mosaikfußboden.
Wandmalereien: „die verlassene Ariadne" u.a.

(13) Küche mit gemauertem Herd

(14) Schlafzimmer (CUBICULUM)

(15) großes **Speise- und Wohnzimmer** (TRICLINIUM, s. S. 63).
Mosaikfußboden.

(16) Seiteneingang (POSTICUM).

PROJEKTMAPPE: DIE RÖMERZEIT 51

DIE „KAISERVILLA"
BEI PIAZZA ARMERINA (SIZILIEN)

DIE VILLA UND IHRE MOSAIKE

Die Villa enthält den größten Mosaikfund des Westens: 6500 m² (!). Bisher hielt man die Villa für einen Palast des Kaisers Maximian (286–305 n.Chr.), Schwiegervater Konstantins. Neuere Forschungen deuten sie als Villa eines hohen Beamten und Offiziers.

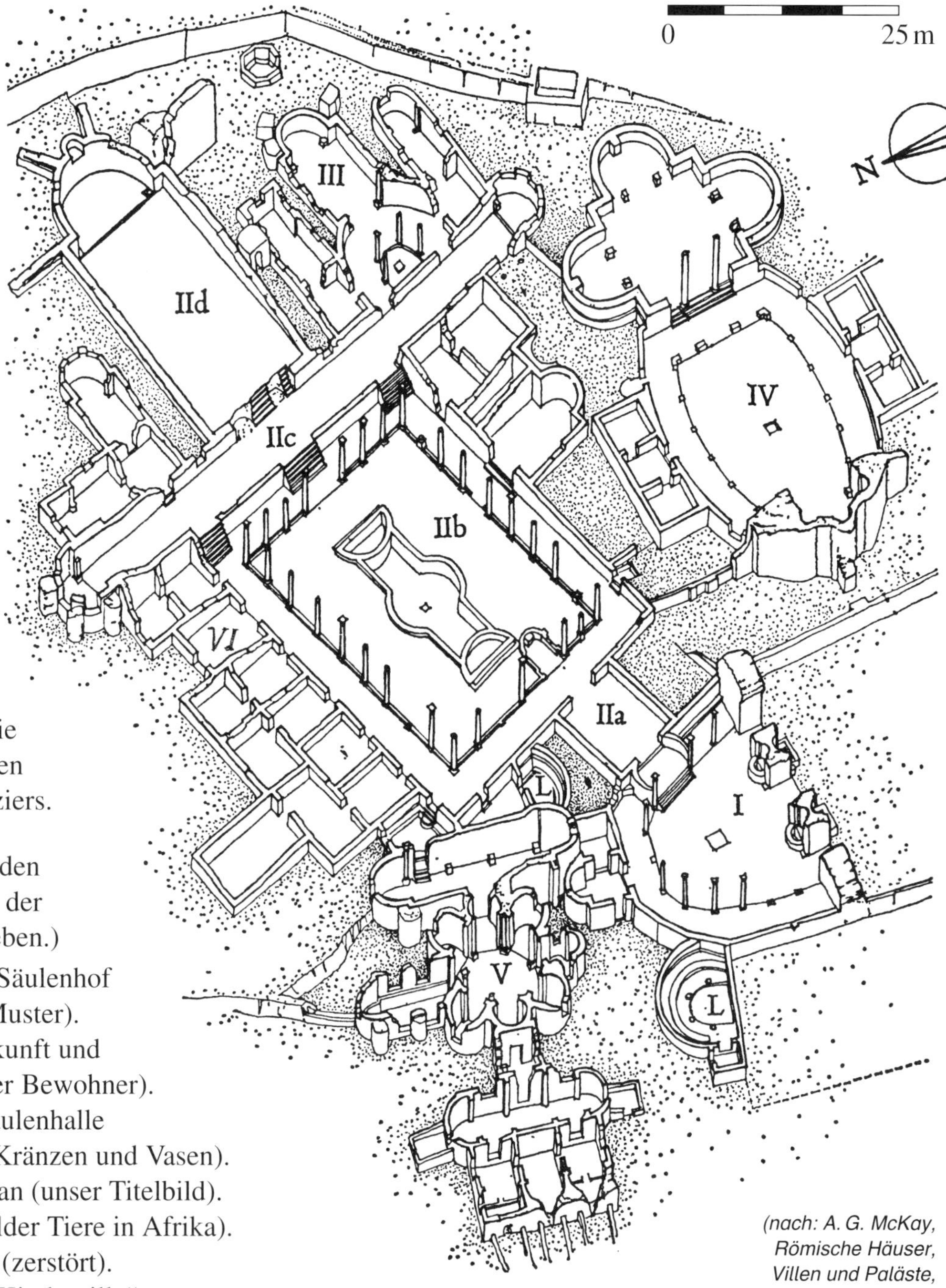

(In Klammern werden jeweils die Motive der Mosaiken beschrieben.)

I Eingang und Säulenhof (vielfarbige Muster).

IIa Vorhalle (Ankunft und Begrüßung der Bewohner).

IIb Garten mit Säulenhalle (Ranken mit Kränzen und Vasen).

IIc Flur (Maximian (unser Titelbild). Einfangen wilder Tiere in Afrika).

IId Audienzhalle (zerstört).

III Privatflügel „Kindervilla" (Kinder beim Wagenrennen, auf der Jagd).

IV Speisesaal mit Vorraum (Herkules und andere Sagengestalten).

V Badeanlage (Kaiserin Eutropia mit ihren Kindern Maxentius und Fausta und Dienern vor dem Thermenbesuch. Wagenrennen im Circus Maximus).

VI Wohn- und Schlafräume (Jagdszenen; im Schlafzimmer: Mädchen beim Entkleiden).

L WCs (Tierkämpfe).

0   25 m

N

(nach: A. G. McKay, Römische Häuser, Villen und Paläste, S. 126)

RÖMISCHE WANDMALEREI
VON AUGUSTUS BIS NERO

Die Römer kannten keine Tapeten, sie tünchten die Wände.
Aber weiße Wände waren ihnen zu langweilig.
Wer es sich leisten konnte, ließ seine Wände mit Marmor täfeln (INKRUSTATION).
Der berühmte reiche Feinschmecker Lucullus z.B.
kleidete sein Speisezimmer mit dem kostbarsten Material aus:
mit schwarzem Marmor.

Wer nicht ganz so reich war,
ließ die Wände vom Boden bis zur Decke in leuchtenden Farben bemalen,
am liebsten in glänzendem Schwarz oder warmem Rot.
Wer etwas auf sich hielt, richtete sich nach der neuesten Mode.
Dazu ließen die Hausherren oft Künstler von weither kommen.
Aus deren Musterbüchern wählten sie Bilder für ihre Wände aus.

In den Städten am Vesuv haben sich viele Gemälde farbecht erhalten,
denn hier waren sie fast 2000 Jahre unter einer 6 m hohen Schicht
luftdicht abgeschlossen.

Bei einem Erdbeben 62 n. Chr.
waren viele Häuser schwer beschädigt worden.
Einige waren gerade wieder aufgebaut,
als 79 n. Chr. die endgültige Katastrophe über die Städte hereinbrach:
Der Vesuv brach aus und verschüttete Herculaneum unter einer Lavadecke,
Pompeji unter einer Schicht aus porösen Steinchen (LAPILLI).
Die Häuser dieser Städte können die Archäologen ziemlich genau datieren.
Danach teilen sie die gesamte römische Malerei in vier Stilepochen ein.

Auf Seite 54 findet ihr Beispiele.
Danach könnt ihr selbst Wände malen wie im Alten Rom.
Am besten stellt ihr euch selbst ein „Musterbuch" zusammen wie ein römischer Maler:
Ihr klebt Bild und Beschreibung auf ein Blatt und ergänzt sie
durch möglichst viele Beispiele aus Pompeji-Büchern
(Literaturtipps auf S. 65).

Aber zuerst gilt es mal herauszufinden,
welche Beschreibung zu welchem Bild gehört!

Lösung: I. Stil: Inkrustationsstil, II. Stil: Architekturstil, III. Stil: Kandelaberstil, IV. Stil: Grotesken-Malerei

MUSTERBUCH: DIE VIER EPOCHEN DER POMPEJANISCHEN WANDMALEREI (1)

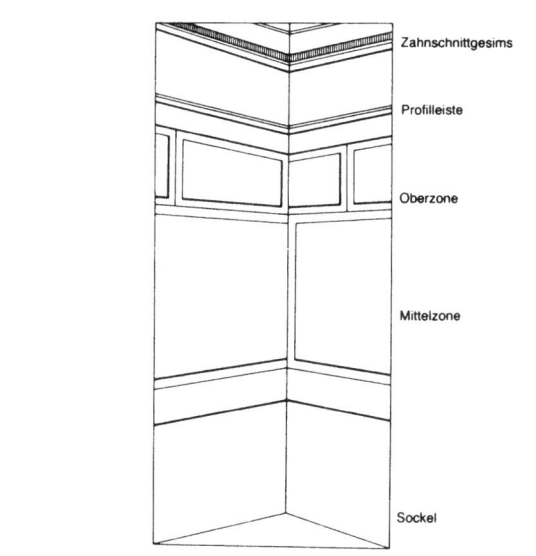

Zahnschnittgesims

Profilleiste

Oberzone

Mittelzone

Sockel

I. STIL
200–80 v. Chr.
(Vor der Erhebung Pompejis zur Stadt
COLONIA VENERIA CORNELIA POMPEII)

(Coarelli, Pompeji, S. 72)

II. STIL
80 v. Chr.
bis Ende 1. Jh. v. Chr.
(Republik und Zeit des Augustus)

(Coarelli, Pompeji, S. 80)

III. STIL
Ende 1. Jh. v. Chr. bis 1. Jh. n. Chr.
(Kaiser Augustus, Tiberius,
Caligula, Claudius)

(Coarelli, Pompeji, S. 89)

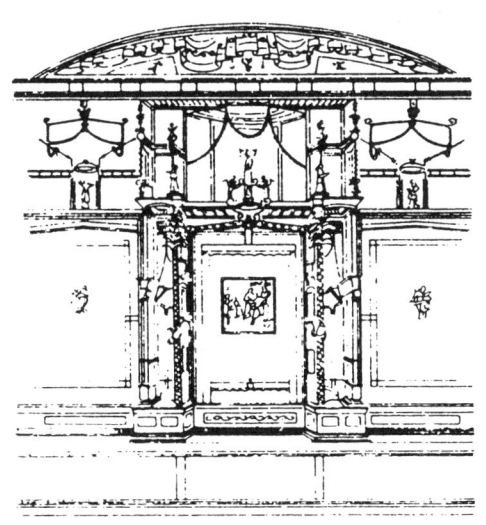

IV. STIL
64 bis 79 n. Chr.
(Nach dem großen Rombrand 64 n. Chr.
bis zum Vesuvausbruch am 25.8.79.
Kaiser Nero, Vespasian, Titus.)

(Coarelli, Pompeji, S. 102)

MUSTERBUCH: DIE VIER EPOCHEN DER POMPEJANISCHEN WANDMALEREI (2)

„ARCHITEKTURSTIL"

Durch gemalte Türen oder Fenster
sieht der Betrachter gleichsam
durch die Wand hindurch hinaus ins Weite.
Er schaut in Säulenhallen, heilige Bezirke,
Landschaften, Gärten …
Im Vordergrund können
lebensgroße Figuren erscheinen,
z.B. Sagengestalten.
Die Künstler lieben
die perspektivische Malerei
und beherrschen sie perfekt.

„KANDELABERSTIL"

Die Wand erscheint als geschlossene Fläche.
Gemalte Architektur soll vor allem
die Zentralbilder hervorheben.
Die Säulen werden zu schmalen Schmuckbändern.
Große einfarbige Mittelfelder, meist rot,
sind eingefasst von schwarzen Rahmen,
im Mittelpunkt steht ein Bild.
Beliebte Themen sind Götter oder Helden und
sakrale Landschaften mit Altären, Tempeln
und opfernden Menschen.
Die Rahmen sind mit kunstvollen
Kandelabern (Kerzenständern) geschmückt.
Auf diesen stehen oft kleine Figuren:
Götter, Fabelwesen, Tiere.
Die horizontalen Streifen zeigen
Masken oder Phantasietiere.
(Der Stil scheint von Künstlern des Augustus für die
Jahrhundertfeier Roms 17 v.Chr. geschaffen zu sein.
Er verbreitete sich schnell im Reich,
auch bei uns in den westlichen Provinzen.)

„GROTESKEN-MALEREI"

Dieser Stil zeigt die Wand als
geschlossene Fläche, oft in hellen Farben.
Die Flächen sind überzogen von
Ranken und Fantasie-Gebilden aus Pflanzen,
Tieren, Menschen und Mustern.
Oft erscheint die Wand wie eine
Gemäldesammlung (Pinakothek).
Manche Bilder sind Kopien
von griechischen Originalen (PINAKES).
Im Mittelpunkt stehen Sagengestalten,
umgeben von einer fantastischen Architektur,
die an Theaterwände erinnert.
In der Sockelzone finden sich oft
kleine Figuren wie im Haus der Vettier:
Die Bilder zeigen geflügelte Eroten
bei der Arbeit als Weber, Schneider,
Goldschmiede …

„INKRUSTATIONSSTIL"

Die frühe Wandmalerei
ahmt Marmorplatten
und Marmorsäulen nach.
Der römische Architekt Vitruvius
hat dieser Malerei
nach dem Vorbild
der Marmorverkleidung
den Namen gegeben.

RÖMISCHE WANDMALEREI
IM KANDELABERSTIL (1)

▶
Mobile Wand
mit Kandelaber
und dem Motiv
„Traumhaus
am Meer"
(Pompejanische
Wandmalerei)
_____
(nach: Carcopino,
Rom, S. 42)

MOBILE
WAND

Material:
Zwei „Traumhaus"-Bilder (s.o.) auf Folie kopiert.
2 Bahnen pompejanisch-roter Stoff, 1,50 m breit.
1 m weiße Vlieseline zum Aufbügeln, Stoffmalfarbe.
Stange (3 m lang), Kartenständer, 50 cm weißer Stoff.
Anleitung:
Traumhaus-Bilder mit einem OHP auf den an der Wand
befestigten weißen Stoff projizieren. Mit einem Bleistift
die Umrisse nachzeichnen. Bunt malen.
Rote Stoffwand oben 8 cm umnähen (seitlich offen lassen,
um die Stange zum Aufhängen durchzuschieben!).
Kandelaber aus Vlieseline zuschneiden, auf den Stoff bügeln oder
nähen. Traumhaus-Bilder auf die Kandelaber setzen, festnähen.
Eventuell weitere Schmuckmotive (Ranken, Masken, Gefäße)
aus Vlieseline aufbügeln / aufnähen oder malen.
Stange durch den Saum schieben, an Kartenständern aufhängen.

ROT-SCHWARZE
KASSETTENWAND

Schwarze Rahmen (40 cm breit) um rote Kassettenfelder
(1,50 m hoch, 1–1,20 m breit) nähen. Masken, Phantasietiere,
Kandelaber mit Figuren u.Ä. auf weiße Vlieseline malen.
Ausschneiden und auf die schwarzen Rahmen bügeln oder nähen.
Tipp für eine besonders schöne Wand:
Farbfotos auf Stoff drucken lassen und im roten Feld
als Mittelbild aufnähen! (Kosten in einem Copy-Shop:
ca. 20 DM für eine DIN-A3-Vergrößerung.)

PROJEKTMAPPE: DIE RÖMERZEIT

RÖMISCHE WANDMALEREI
IM KANDELABERSTIL (2)

MINIATURBÜHNE
MIT
WANDMALEREI

Material Bühnengestell:
3 Hartfaserplatten DIN A4, Tesaband.
Anleitung Bühnengestell:
1 Mitteltür, 2 Seitentüren ausschneiden, so dass Figuren
durchgehen können. Wände mit Klebeband verbinden,
trapezförmig aufstellen.

Material Wanddekoration:
3 Bögen Tonpapier DIN A4 in pompejanisch Rot.
Schere, Kleber, Farben.
3 DIN-A4-Kopien der Wandmalerei von S. 58.
Anleitung Wandmalerei:
Die weißen Mittelfelder ausschneiden.
Die schwarzen Rahmen mit der Sockelzone auf das rote
Papier kleben. Kandelaber bunt malen. Türen ausschneiden.
Oberen Rand der Kopien nach hinten umknicken,
über das Bühnengestell hängen.

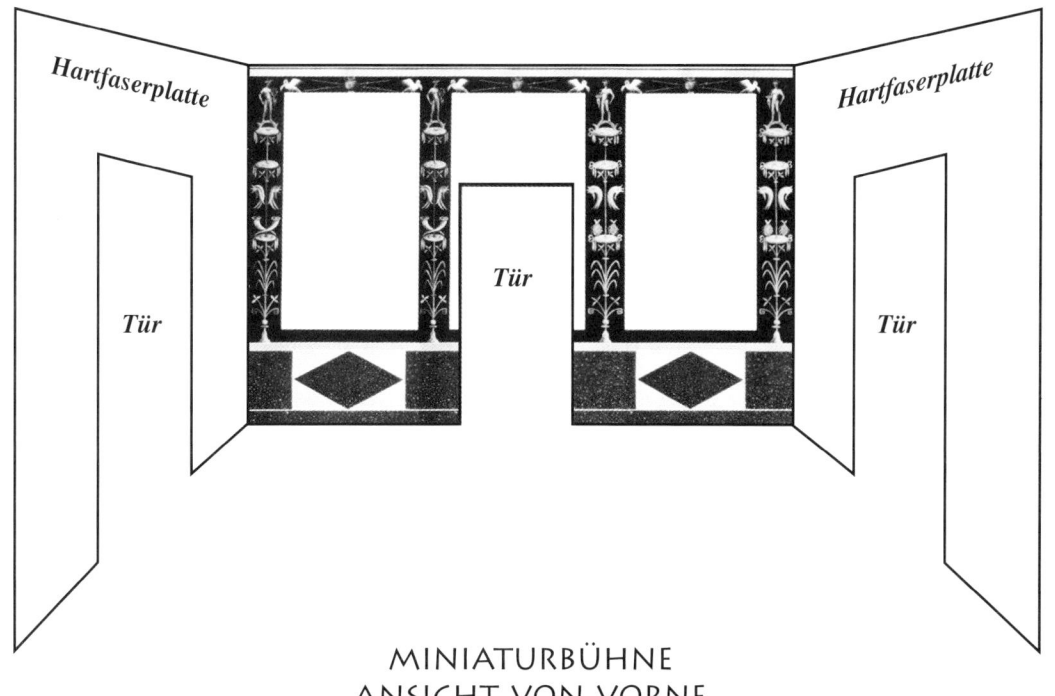

MINIATURBÜHNE
ANSICHT VON VORNE

© Verlag an der Ruhr, Postfach 10 22 51, 45422 Mülheim an der Ruhr, www.verlagruhr.de

RÖMISCHE WANDMALEREI
IM KANDELABERSTIL (3)

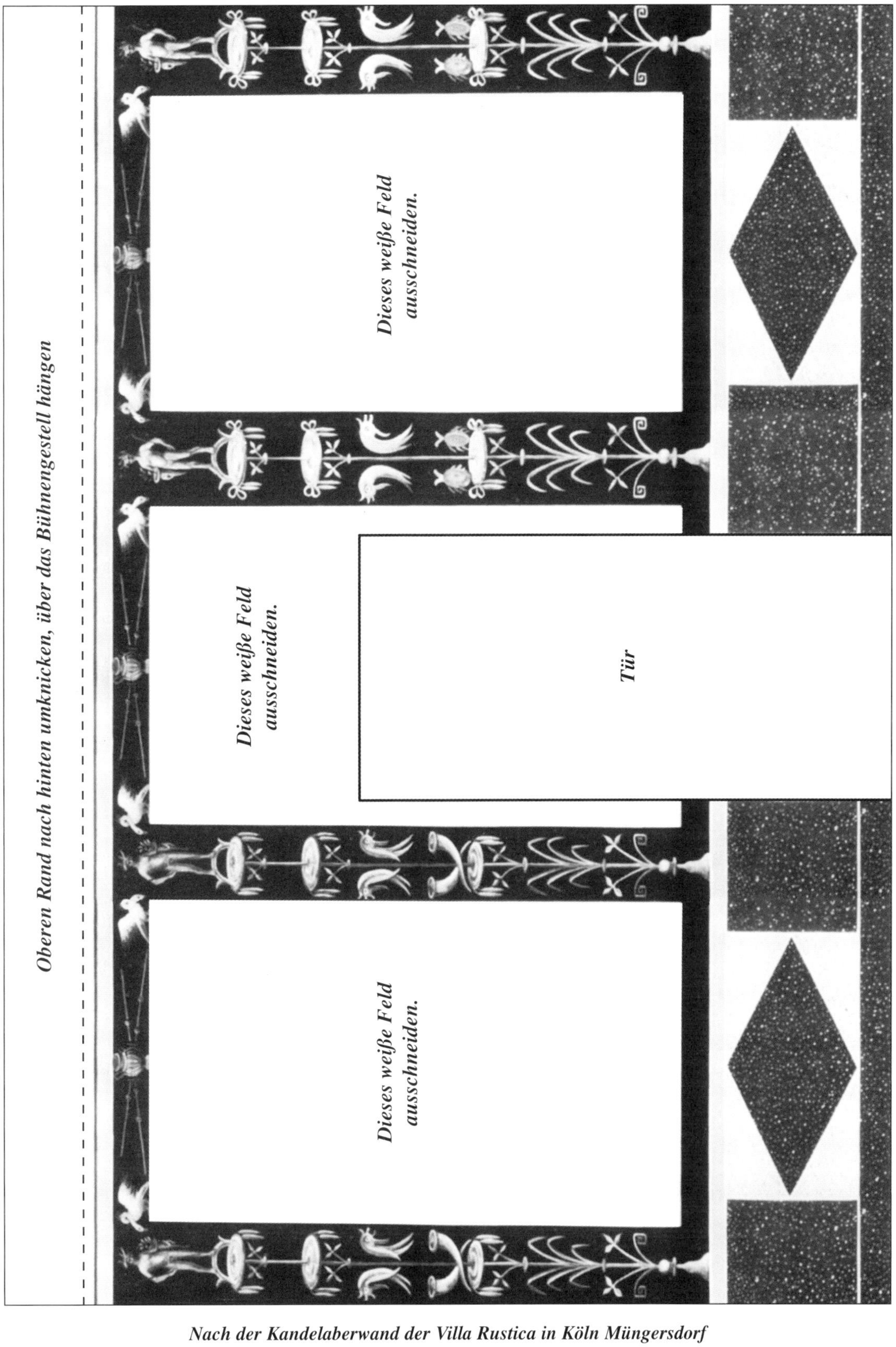

Oberen Rand nach hinten umknicken, über das Bühnengestell hängen

Dieses weiße Feld ausschneiden.

Dieses weiße Feld ausschneiden.

Dieses weiße Feld ausschneiden.

Tür

Schwarzen Rahmen und Sockelzone auf rotes Tonpapier kleben. Tür ausschneiden.

Nach der Kandelaberwand der Villa Rustica in Köln Müngersdorf

(nach: Linfert, Malerei Abb. 30)

MINIATUR-MÖBEL

Material: Zeichenpapier,
Karton,
Filmdöschen,
Kleber,
Deckfarben,
Marmorpapier,
Stoffreste.

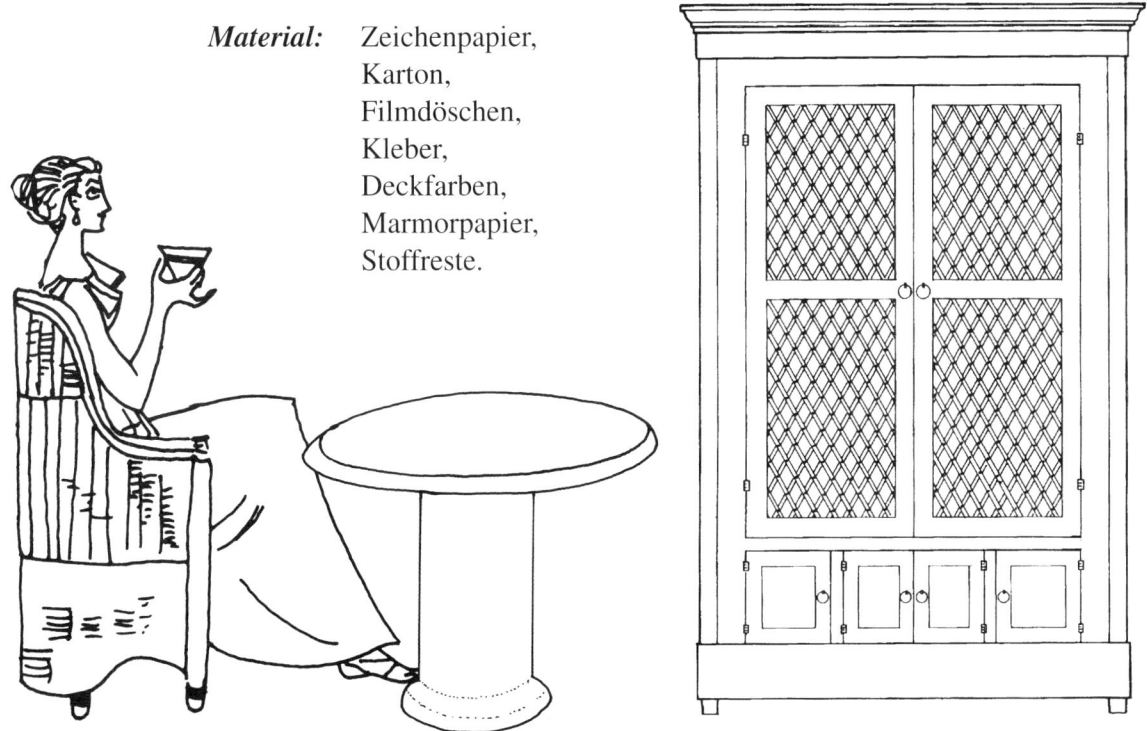

*(nach: Laur-Belart, Domus Romana Augst, S. 16,
sowie: Döring, Römer in Xanten, Heft. 4,6.)*

**SESSEL
(CATHEDRA)**

Hellbraunes Korbgeflecht auf 5 cm breiten Papierstreifen malen.
Streifen um Filmdöschen kleben. Hohe Rückenlehne zuschneiden,
ebenfalls bemalen und ankleben.

**TISCHCHEN
(MENSA)**

Marmorpapier um das Filmdöschen kleben.
Runde Tischplatte aus Karton schneiden,
mit Marmorpapier bekleben, auf das Döschen kleben.

**SPEISESOFAS
(KLINEN, LECTI)**

Aus festem Karton herstellen, mit Stoff bekleben
oder bemalen. Einzelliegen passend zu den Figuren
auf S. 78 herstellen.

SCHRANK

Aus Karton herstellen, braun anmalen,
damit es wie Holz aussieht.

Tipp: Weitere Möbel und Einrichtungsgegenstände suchen,
z.B. in *Koller: Orbis Pictus Latinus, Zürich 1999,
ISBN 3-7608-1208-2.*
→ ARCA, CANDELABRUM, FOCULUS, LECTUS ...

PROJEKTMAPPE: DIE RÖMERZEIT

MOSAIKEN (1)

▲ *Orpheus-Mosaik*

(Museum Carnuntum)

GEMALTES MOSAIK

Material:
Vergrößerte Kopien eines Mosaiks (s.S. 60 oder S. 63),
Karton zum Aufkleben, Deckfarben, Klebstoff.
Anleitung:
Mosaikbild in Einzelteile aufteilen.
Farben und Formen untereinander abstimmen!
Jeder Mosaizist malt einen Teil mit einzelnen (!)
bunten „Steinchen" aus. Mosaikteile auf großem Karton
zusammenkleben.
Übrigens:
Je kleiner die „Steine" (TESSERAE),
desto kostbarer das Kunstwerk!

MOSAIKEN (2)

ocker
ziegelrot
weiß

ZÖPFE UND KNOTEN: KARTOFFELDRUCK

Material:
Rohe Kartoffeln, Messer, Bleistift für die Fugen.
Plakafarben: 3 Schälchen mit den Farben Ocker,
Ziegelrot, Schwarz. Saugfähiges Papier, z.B. Vlies-Tischdecken.
Für Stoffdruck: Stoffmalfarben und Stoff ohne Appretur.
Anleitung:
Je Farbe einen Kartoffel-Stempel mit einer Druckfläche
von 1 cm^2 zuschneiden. Muster mit Bleistift skizzieren.
„Steinchen" einzeln drucken.

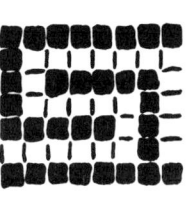

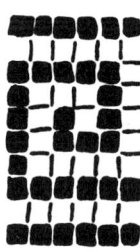

SCHWARZ-WEISS-MÄANDER FÜR PLAKATE UND DESIGNER-SHIRTS: LINOLSCHNITT

Ideal als Dekoration für Briefpapier, Karten,
T-Shirts, Nickitücher, Decken und Servietten!
Material:
Linoleum-Platten für Linolschnitt, Linolschnittbesteck
(Messerchen und Messerhalter). Linoldruckfarbe, Farbwalze,
Glasplatte, saugfähiges Papier, z.B. Vliesdecke/-Servietten.
Für Stoffdruck: Stoff ohne Appretur, Stofffarbe.
Anleitung:
Rechenkästchen (0,5 cm) mit Bleistift und Lineal
auf der Linoleumplatte vorzeichnen. Mäander übertragen.
Schwarze Mosaiksteinchen und Fugen mit Filzstift ausmalen.
Dann alles, was nicht schwarz ist, mit dem U-Messerchen
2 mm tief wegschneiden: Es erscheint im Druck weiß.
Achtung: Messer beim Schneiden immer
vom Körper weg führen!

MOSAIKEN (3)

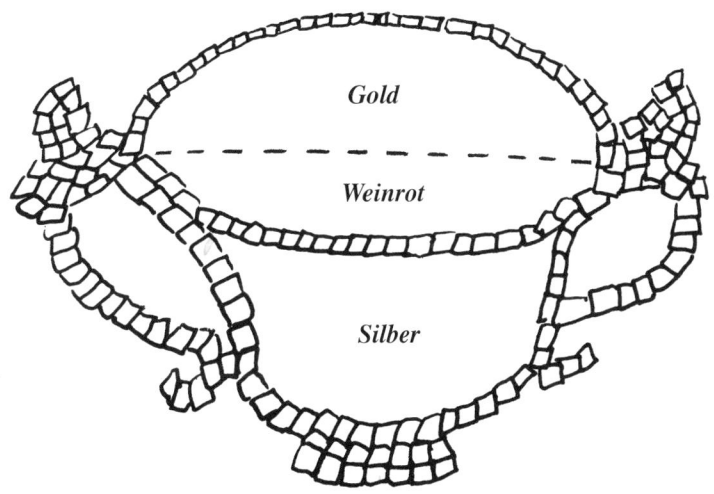

Gold

Weinrot

Silber

**BACCHUS' SILBERNER
BECHER:
PAPIERMOSAIK**

Material:
Glanzpapier in Silber, Blau, Grau, Gold, Orange,
Gelb und Weinrot. Hartfaserplatte, Laubsäge.
Anleitung:
Papier in „TESSERAE" von 1 cm^2 schneiden.
Becher auf der Platte bunt vorzeichnen: außen Silber,
innen vergoldet, helle Quadrate für die Glanzstellen,
dunkle für Schatten. Rot für den Wein im Becher.
„TESSERAE" aufkleben – evtl. mit Farbstiften schattieren.
Auf Tablett oder Tischchen kleben.
Mit Glasplatte schützen.

**„CAVE CANEM":
SCHWARZ-WEISSES
KACHELMOSAIK IN
KLEISTERSAND**

Material:
schwarze Kacheln, Kachelschneider, Hammer,
alter Bilderrahmen mit passender Hartfaserplatte und Glas.
Bau-Sand, Tapetenkleister.
Anleitung:
Kacheln in kleine Quadrate schneiden.
Dicken Brei aus Kleister und Sand anrühren.
Hartfaserplatte mit der rauhen Seite nach oben
in den Bilderrahmen legen. Brei ca. 1 cm dick einfüllen.
Hund und Schrift aus schwarzen Kacheln legen.
(Im Original besteht auch der weiße Untergrund aus
Mosaiksteinchen.) Mehrere Tage trocknen lassen.

MOSAIKEN (4)

▶
Orpheusmosaik aus einem
TRICLINIUM in Milet
(7,80 x 6,30 m)

(Pergamonmuseum Berlin)
© bpk, Berlin

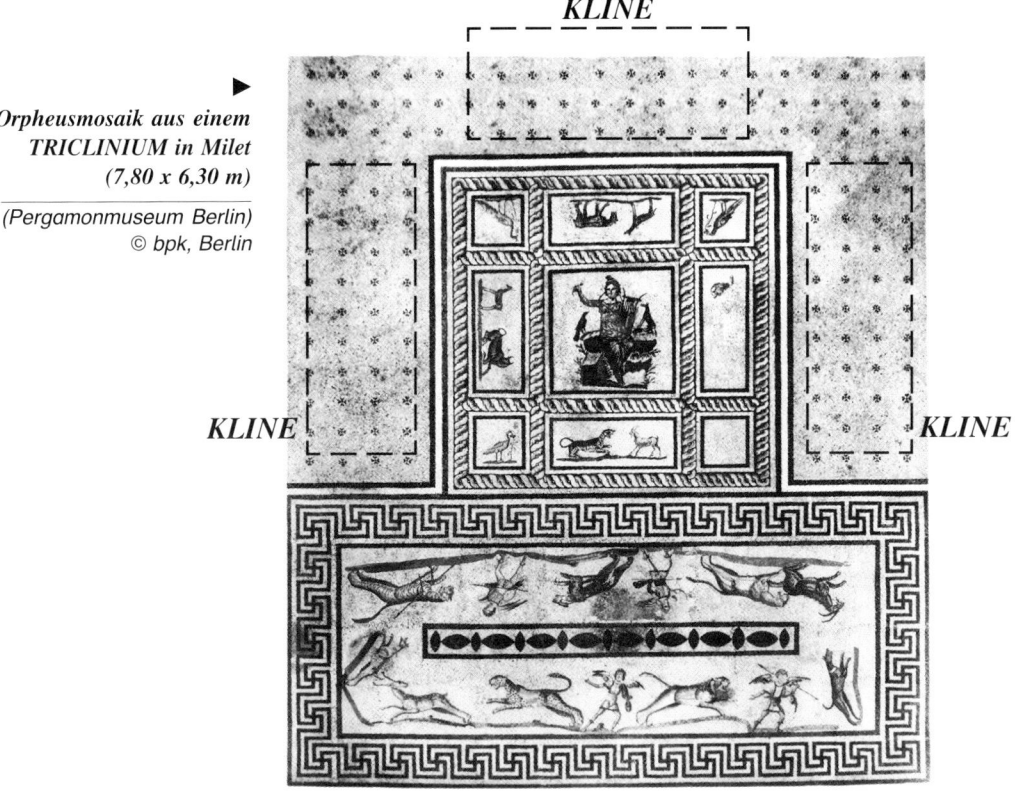

DER SÄNGER   Orpheusmosaik im mittleren Quadrat gestalten.
ORPHEUS   Dazu passende Quadrate mit Tieren herstellen:
UND DIE TIERE: 8 gleich große Quadrate oder
MOSAIKWAND ALS 1 größeres Mittelquadrat mit 12 halb so großen Quadraten (s.u.).
GRUPPENARBEIT   Zu einer großen Wand oder einem Fußbodenbelag
            zusammensetzen.

1	2	3
8	**ORPHEUS**	4
7	6	5

ORPHEUS UND ACHT TIERE

1	2	3	4
12	**ORPHEUS**		5
11			6
10	9	8	7

ORPHEUS UND 12 TIERE

TIPPS UND PROJEKT-IDEEN

- Atrium-Bild S. 49 **bunt malen.**

- **Namen in die Räume der Villa** schreiben, **bunt malen,** S. 50.

- Besuch in einem **Römermuseum:**
  nach Originalen zeichnen/malen.

- **Römische Wandmalerei** gestalten, s. S. 56.

- **Grundriss** zeichnen zum „Traumhaus am Meer", s. S. 56.

- **Hausmodell bauen:**
  Modell nach Abb. 1 (S. 50) und 2 (S. 51) selbst entwerfen,
  aus Sperrholz/Balsa-Holz bauen.

- **Mini-Bühne** bauen, S. 57/58.
  Dazu **Theaterfiguren,** S. 78.

- **Rollenspiel** erfinden: **„Kaiserbilder für die Villa".**
  Das Kaiserpaar Maximian und Eutropia, ihre Kinder
  Maxentius (25) und Fausta (8), deren Verlobter Konstantin (25!)
  besuchen die Baustelle ihrer Villa. Sie lassen sich vom
  Architekten Murifax die Pläne (S. 52) erklären.

▶ *Architekt Murifax erklärt den Grundriss*

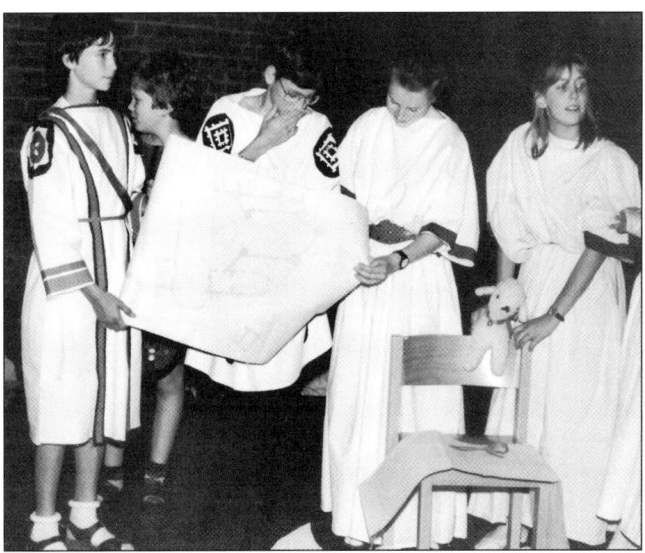

Den Mosaizisten Lapislatius, Musivus u.a. erklären sie,
welche Mosaiken in welchen Räumen ausgelegt werden sollen.
Dann müssen sie Modell für die Kaiserbilder stehen.
Dabei besprechen sie Farben, Formen usw.

- **Römisch-germanisches Rollenspiel** erfinden:
  Rutilo bringt seinen germanischen Vetter Tubo mit in
  die römische Villa seiner Verlobten Julia. Tubo kennt nur
  germanische Dörfer mit Holzhütten. So wundert er sich über
  viele Einzelheiten der Römervilla, und es kommt zu komischen
  Missverständnissen.
  Material: Grundriss und Rekonstruktion
  einer Römervilla in eurer Gegend.

INFORMATIONEN
ZUSAMMENSTELLEN
UND
PRÄSENTIEREN,
Z.B. AUS:

Aitken, Catherine:
Das Römerhaus für Kinder,
Augst 2001.
ISBN 3-7151-1025-2.
Bezug: Römermuseum Augst,
Giebenacherstr. 17, CH 4302 Augst.

Bulwer-Lytton, Edward G.:
Die letzten Tage von Pompeji,
Frankfurt 1984.
ISBN 3-458-32501-8.
(Haus des Tragödiendichters.)

Coarelli, Filippo u.a.:
Pompeji. Ein archäologischer Führer,
Köln 1993 (Lübbe-Bastei).
ISBN 3-404-64121-3.
(Ausgezeichneter Überblick, Pläne, zahlreiche s/w Abb.)

Connolly, Peter / Dodge, Hazel:
Die antike Stadt. Das Leben in Athen und Rom,
Köln 1998 (Könemann).
ISBN 3-8290-1104-0.
*(Viele anschauliche, wissenschaftlich gesicherte
Rekonstruktionen und Details, mehrfarbig!)*

McKay, Alexander:
Römische Häuser, Villen und Paläste,
Luzern 1980 (Atlantis),
3-7611-0585-1.
(Beschreibung der Villa von Piazza Armerina. Vergriffen.)

Huber, Heide: **Rutilo und Julia.**
Ein römisch-germanisches Rollenspiel,
in: Geschichte Lernen, Heft 29, 1992.
Bezug: Friedrich Verlag, Im Brande 15a, 30926 Seelze.
*(Materialtext für ein Theaterstück,
Infos über das römische Köln.)*

Kraus, Theodor / von Matt, Leonard:
Lebendiges Pompeji,
Köln 1977 (DuMont).
*(309 Fotos, viele ganzseitige Farbbilder.
Longseller. Vergriffen.)*

Liberati, Anna Maria / Bourbon, Fabio:
Rom. Weltreich der Antike
o.O. 1996 (Nebel Verlag),
ISBN 3-89555-102-3.
*(292 S., mit zahlr. ausgezeichneten Farbfotos
und Rekonstruktionen.)*

Pfenninger, Heinrich:
Das Römerhaus von Augusta Raurica,
Ausschneidebogen, Zürich o.J..
Bezug: Römermuseum Augst, Giebenacherstr. 17,
CH 4302 Augst.

MASKEN UND KOSTÜME

Braucht ihr ein originelles Kostüm
für Karneval/Fasching oder zum Theaterspielen?
Hier erfahrt ihr, wie ihr Masken und Kostüme anfertigen könnt.
Außerdem gibt es eine Menge Tipps,
was ihr alles damit machen könnt.

▲ *Marmorrelief aus Pompeji*

(nach: Nold, Als die Römer ..., S. 18)

ANTIKE THEATERMASKEN (1)

(nach: Koller, Orbis Pictus Latinus, „PERSONA";
sowie: Hope, Costumes of the Greeks and Romans, S. 89;
sowie: Martell, Roman Town, S. 16)

Die Schauspieler der Antike traten in Masken auf.
Entsprechend den Schauspielgattungen Komödie, Tragödie, Satyrspiel (s. S. 68)
und Pantomime waren die Masken ernst oder komisch gestaltet.
Darüber hinaus charakterisierten sie bestimmte Menschentypen.
So konnten die Zuschauer eine neu auftretende Figur sofort richtig einschätzen.
Versucht selbst einmal, die abgebildeten Masken zu identifizieren:

Komödie: ☐ **Junges Mädchen,** ☐ **junger Held,** ☐ **Vater,** ☐ **Sklave.**

Tragödie: ☐ **König,** ☐ **Königin.**

Satyrspiel: ☐ **Satyr,** ☐ **Bacchantin.**

Pantomime: ☐ **Heldin.**

Mit wechselnden Masken konnte jeder der drei Hauptdarsteller mehrere Rollen spielen.
Probiert das mal mit den Figuren „Komödienkostüme" auf S. 78!

 PROJEKTMAPPE: DIE RÖMERZEIT

ANTIKE THEATERMASKEN (2)

Lösung Theatermasken von S. 72:

Komödie: ⬜3 Junges Mädchen, ⬜2 junger Held, ⬜5 Vater, ⬜7 Sklave.

Tragödie: ⬜1 König, ⬜9 Königin.

Satyrspiel: ⬜6 Satyr, ⬜4 Bacchantin.

Pantomime: ⬜8 Heldin.

SATYRSPIEL

Parodie auf die vorher aufgeführten Trauerspiele (Tragödien). Neben den Tragödienfiguren erschien hier der Theater- und Weingott Dionysos/Bacchus mit seinem lärmenden Gefolge, den Satyrn (betrunkenen, geilen Tier-Menschen) und den efeugeschmückten Bacchantinnen (Frauen im wilden Rausch).

► *Theatermaske „Unverschämter Sklave", Präsentation im Römisch-Germanischen Museum Köln*

(Foto: Janell, RGM)

PROJEKTMAPPE: DIE RÖMERZEIT

ANTIKE THEATERMASKEN (3)

MASKENTYPEN NACH POLLUX

weiße Hautfarbe:
edle Frau, Heldin

dunkle Hautfarbe:
Sklavin

heller Teint:
edler junger Mann, Held

rote Hautfarbe:
unverschämt,
Sklave oder Tölpel

gebogene Nase:
Schmarotzer

**oben eingedrückte,
unten hochgebogene Nase:**
sexbesessener Tiermensch

Stirnfalten:
nachdenkliche/r Alte/r
(z.B. Hausherr/in)

Bart:
älterer Mann

hochgesteckte Haare:
ehrenwerte Bürgerin

**gelöste Haare
(Langhaarfrisur):**
Trauer

**rote Haare
zur dunklen Hautfarbe:**
Sklavenstand

eingerollte Haare:
Ältester der Sklaven

**gerade Brauen,
weißer Teint:**
Klatschbase, neugierig,
streitsüchtig

IN DER FRÜHZEIT trugen die Schauspieler naturalistische Masken in normaler Gesichtsgröße. Das genügte, solange die Theater klein waren und die Zuschauer nahe an der Bühne saßen. In den großen Theatern aber konnte der Abstand von der Bühne zu den oberen Plätzen bis zu 100 m betragen. Da mussten Kostüme und Masken übergroß und markant sein, damit sie auch von ferne zu erkennen waren. Ausdrucksstarke Augen, übergroßer Mund und ein hoher Haaraufsatz (ONKOS) sind Kennzeichen dieser späten Masken.

DIE ANTIKEN THEATERMASKEN bestanden aus dünnen Gipsbinden und waren äußerst zerbrechlich. Deshalb sind keine Originale erhalten. Aber wir kennen Schmuckmasken aus den verschiedensten Materialien: Ton, Marmor und Bronze. Mini-Masken aus Gold oder Silber waren als Ohrringe, Broschen und Anhänger beliebt. Wandgemälde und Mosaikböden zeigen uns sogar die Farben, die die Theatermasken damals hatten.

FORM UND FARBE DER MASKE

kennzeichneten Geschlecht und Alter der Person. Äußere Merkmale charakterisierten Typen mit festgelegten Verhaltensweisen. Der Schriftsteller Pollux (2. Jh. n.Chr.) unterscheidet in seinem Lexikon sechsundsiebzig (!) Maskentypen: 44 Typen für die Komödie, 28 für die Tragödie, 4 fürs Satyrspiel. *Im nebenstehenden Kasten seht ihr einige Beispiele, die ihr für eure Masken verwenden könnt.*

DIE MASKEN waren meist asymmetrisch geformt, die eine Seite jeweils deutlicher lachend, traurig, wütend … als die andere. Gute Schauspieler konnten durch Drehen und Neigen des Kopfes den Gesichtsausdruck variieren. *Probiert das auch bei euren Masken: Bemalt sie asymmetrisch und experimentiert mit verschiedenen Haltungen vor dem Spiegel.*

FLACHMASKE AUS FOTOKARTON (1)

MATERIAL Fotokarton DIN A3, für Frauenmasken weiß,
für Männermasken beige/hellbraun; Deckfarben, Schreibzeug,
Schere, Klebstoff, Wolle für die Haare, Musterbeutelklammern,
Klebeband zur Verstärkung, 1 m Band, 1–2 cm breit.

PROBEMASKE
AUS PAPIER DIN-A4-Blatt auf das Gesicht legen und die Stellen
für Augen, Nase und Mund markieren. Papier abnehmen.
Für die Augen Löcher in Pupillengröße einschneiden,
Mund schmal einzeichnen. Noch mal prüfen,
ob alles stimmt (vom Partner kontrollieren lassen):
Am wichtigsten ist die Lage der Augen!

KARTONMASKE Papiermaske auf den unteren Teil des DIN-A3-Kartons legen.
Mit Bleistift Maske wie im Maskenschema S. 71 vorzeichnen.
Karton anprobieren (vom Partner kontrollieren lassen).
Wenn alles passt, für die Augen Löcher in Pupillengröße
einschneiden. Bei einer Pantomimenmaske geschlossenen
Mund, für Schauspieler mit Text einen großen offenen Mund
zeichnen. Nase U-förmig einzeichnen, unten und an den
Seiten einschneiden (evtl. Stoff von hinten gegenkleben).
Maske auf der Rückseite rundum mit Klebeband verstärken.
Gesichtsausdruck leicht asymmetrisch gestalten:
für Komödienschauspieler lachend, für Tragödien traurig.
Ausdrucksstark bemalen!
Trageband in Stirnhöhe von innen aufkleben, zusätzlich
mit Klebeband befestigen, an den Seiten fest tackern.
Oberkopf nach hinten umknicken und über das Trageband
kleben: So hält die Maske und kann beim Spielen
nicht ausreißen. Woll-Haare aufkleben.

▶

*Pantomimen-Masken
im Römisch-Germanischen
Museum*

*Ferienkurs
„Theaterkostüme und
Theatermasken
der Antike"
Museumsdienst Köln
(Foto: Huber)*

FLACHMASKE AUS FOTOKARTON (2)
SCHEMA FÜR EINE MASKE MIT HOHEM HAARAUFSATZ
(ONKOS-MASKE)

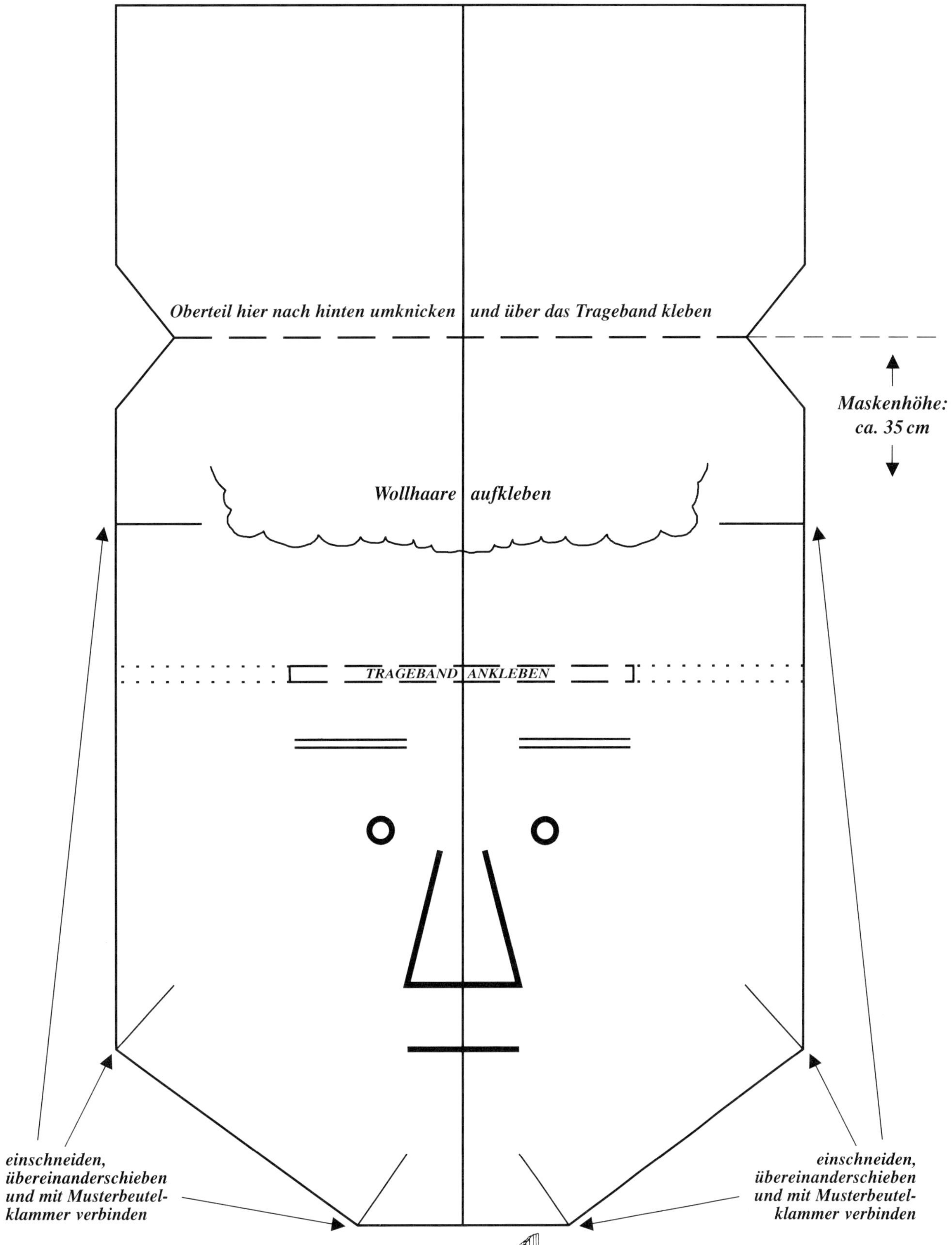

Oberteil hier nach hinten umknicken und über das Trageband kleben

Maskenhöhe: ca. 35 cm

Wollhaare aufkleben

TRAGEBAND ANKLEBEN

einschneiden, übereinanderschieben und mit Musterbeutelklammer verbinden

einschneiden, übereinanderschieben und mit Musterbeutelklammer verbinden

PROJEKTMAPPE: DIE RÖMERZEIT

TIPPS UND PROJEKT-IDEEN ZUM THEMA MASKEN

- **Masken-Montage:** Masken auf S. 67 ausschneiden und den Figuren auf S. 78 aufsetzen. Weitere Masken suchen und ausprobieren.

- Eure Köpfe (**Passbilder**) oder **Lehrerfotos** auf die Figuren setzen.

- **Masken-Stempelchen** aus Kartoffeln oder Linoleum anfertigen. Briefpapier, T-Shirts, Tischdecken u.Ä. bedrucken, s. S. 61.

- **Gipsmasken anfertigen:**
  Gesicht und Oberkopf mit Papiertaschentüchern abdecken.
  Gipsbinden aus der Apotheke in mehreren Lagen auf
  Gesicht und Oberkopf des Trägers legen und Maske formen
  (Achtung: Gips nie direkt auf Haut oder Haare legen!).
  Aus zusammengeknülltem Zeitungspapier einen Kopf
  formen, Maske darauf setzen, trocknen lassen.
  Mit Deckfarben ausdrucksstark bemalen.
  Das ergibt naturalistische Masken, die aber
  für antikes Theaterspiel zu klein sind.
  Achtung: In der Antike gab es keine Halbmasken wie später
  in der italienischen Commedia dell' Arte (16. Jh.).

- **Pappmaché-Masken:**
  Papierstreifen durch Kleister ziehen.
  In mehreren Lagen auf einer ovalen oder runden
  Schüssel o.Ä. formen: So könnt ihr größere Masken schaffen.
  Wenn ihr runde oder eckige Schüsseln nehmt,
  gibt das echt komische Masken!

- **Masken-Mosaik** gestalten, s. S. 60.

INFORMATIONEN ZUSAMMENSTELLEN UND PRÄSENTIEREN, Z.B. AUS:

Simko, D.:
Antike Maskenspiele im römischen Theater,
Augst 1989,
Bezug: Römermuseum Augst,
Giebenacherstr. 17, CH-4302 Augst.

ANTIKE THEATERKOSTÜME (1)

(nach: Nold, Als die Römer ..., S. 16)

***Das Relief zeigt Komödienschauspieler
in Maske und Kostüm vor einer Bühnenfront.***

So verkleidet könnt ihr Komödien aufführen,
z. B. Plautus' Gespensterkomödie MOSTELLARIA als Stegreifspiel (S. 81).
Ihr könnt aber auch Plautus' Originaltext oder Ausschnitte einstudieren.
Tipp: Besonders witzig zu spielen ist die wilde Fete des Sohnes (Vers 313–390)
und die überraschende Heimkehr des Vaters (439 ff.).

Komödienkostüme sind genau so einfach herzustellen wie die Alltagskleidung.
Die Nähanleitungen findet ihr im Kapitel „Kleidung".

ANTIKE THEATERKOSTÜME (2)

TRAGÖDIENKOSTÜME

▲ *Königin*
mit hoher Maske (ONKOS),
Tragödienkostüm (SYRMA)
und Theaterstiefel (KOTHURN)

(nach: Martell, Roman Towns, S. 16)

▲ *König*
mit Maske und
Tragödienkostüm (SYRMA)

(nach: Baldry, Ancient Greek Literature
in its Living Context, S. 72)

Solche Prachtgewänder trugen die Tragödienschauspieler und Pantomimen.
Diese Kostüme zu nähen erfordert einige Schneiderkenntnisse.
Tricks zur Gestaltung findet ihr in den Tipps, S. 83.

ANTIKE THEATERKOSTÜME (3)

▲ *Dichter mit Schauspielern*

(nach: Katalog Pompeji-Ausstellung London 1976)

Die Kostüme waren im antiken Schauspiel wichtiger als im modernen Theater. Denn die Hauptdarsteller spielten in jedem Stück mehrere Rollen, und die Männer übernahmen auch die Frauenrollen. In den Komödien trugen die Schauspieler einfache Kleider, die römische Tunika bzw. den griechischen Chiton. Denn hier wurden einfache Leute mit ihren komischen Schwächen und lösbaren Problemen gezeigt.

Antike Tragödien aber handelten vom Schicksal hochgestellter Personen, die in einem ausweglosen Konflikt zu Grunde gehen. Dem Stand dieser Helden entsprechend trugen Tragödienschauspieler prächtige lange Gewänder mit reichen Mustern und kostbaren Stickereien. Zum Tragödienkostüm gehörte ein Stiefel mit hoher Sohle (KOTHURN). Solche Kostüme kennen wir von vielen Vasenbildern, von Wandgemälden und Mosaiken.

Das berühmte Mosaik aus dem „Haus des Tragödiendichters" (s.o.) zeigt einen Dichter inmitten seiner Darsteller. Vor ihm steht ein Flötenspieler im Prachtgewand. Hinten wechselt ein Schauspieler mit Hilfe eines Sklaven das Kostüm. Zwei weitere Schauspieler stehen links im Fellkostüm der Satyrn.

Hier werden Vorbereitungen für ein Satyrspiel getroffen, das die vorangegangenen ernsten Stücke parodieren wird. Nach Beendigung der Tragödien legt der Dichter die tragische Frauenmaske weg, die Königsmaske liegt schon hinten auf dem Tisch. Gleich wird der Dichter die Satyrmaske nehmen und einem Schauspieler geben. Das Satyrspiel kann beginnen!

ANTIKE THEATERKOSTÜME (4)

(nach: Connolly/Dodge, Die antike Stadt, S. 90)

ÄRMELTRIKOT, PRACHTGEWAND UND FELLKOSTÜM

Auf der Abbildung erkennt man eine Besonderheit der antiken Theaterkostüme: die langen engen Ärmel, die es bei den Alltagskleidern nicht gab. Damit konnten sich die haarigsten Männerarme in zarte Frauenarme verwandeln. Aber die Ärmel hatten noch einen anderen Zweck: Sie gehörten zum Untergewand, einem hautengen Ärmeltrikot. Alle Hauptdarsteller eines Stückes trugen Trikots mit dem gleichen Ärmelmuster. Darüber zogen sie ärmellose Gewänder. Diese konnten sie leicht wechseln und so in kürzester Zeit in verschiedene Rollen „schlüpfen". Das Überkleid (SYRMA) war ein Prachtgewand und charakterisierte darüber hinaus seinen Träger. Herkules z.B. sehen wir rechts im militärisch-kurzen Kleid unter dem Bronzepanzer, mit Löwenfell und Keule. Dagegen tragen Frauen und Könige immer lange Gewänder, hier z.B. Deianira, Herkules' Gemahlin (rechts auf der Liege) und der König (links).

Die Darsteller haben die tragischen Masken ausgezogen: Die Tragödie ist beendet. Ein Flötenspieler leitet zum nächsten Stück über. Dieser Mann scheint besonders wichtig zu sein, denn sein Name PRONOMOS ist als einziger auf die Vase geschrieben. Schon stehen Darsteller des Satyrspiels im charakteristischen Fellkostüm mit aufgerichtetem Penis und komischer Maske bereit. Bei den Satyrmasken ganz links erkennt man besonders gut, dass antike Masken über den ganzen Kopf reichten.

Im Mittelpunkt lagert Dionysos (Bacchus), der Gott des Theaters, auf dem Speisesofa, neben ihm seine Gemahlin Ariadne. Ihm zu Ehren werden die Theaterspiele veranstaltet – und dionysische Festgelage.

MINIATUR-THEATERBÜHNE (1)
ANLEITUNG FÜR SCHIEBE-/STAB-FIGUREN

SCHIEBEFIGUREN AUS KARTON

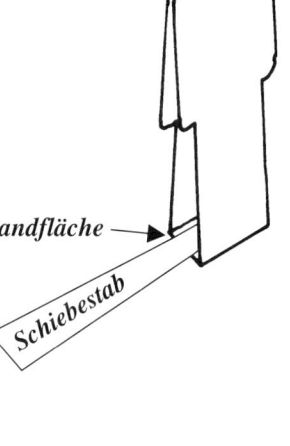

Standfläche

Schiebestab

Material:
Kopie der Figuren von S. 78,
Deckfarben, fester Karton, Schere, Klebstoff.

Anleitung:
Figuren auf Karton kleben und ausschneiden.
Achtung: die Standflächen nicht abschneiden!
Die Köpfe auf der Innenseite zusammenkleben.
Vorder- und Rückseite bunt malen.
Beide Standflächen nach innen knicken,
übereinander kleben (siehe Zeichnung!).
Schiebestab auf die Standfläche kleben,
damit man die Figur bewegen kann.
Die Schiebefiguren passen zur Miniaturbühne auf S. 57/58,
wenn ihr diese auf DIN A3 vergrößert.

STABFIGUREN MIT BEWEGBAREM ARM UND BEIN

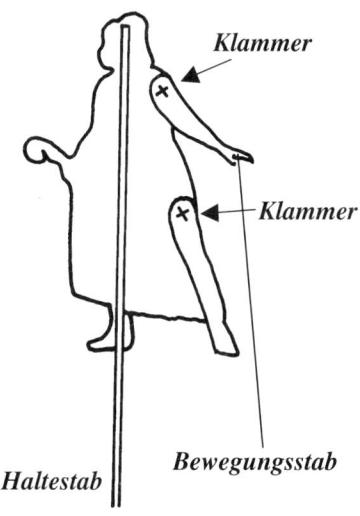

Klammer

Klammer

Haltestab

Bewegungsstab

Material:
Hartfaserplatten oder Sperrholz für DIN-A3-Figuren,
Laubsäge, Kleber, Farben.
1 Haltestab: Flachstab 50 cm lang,
1 Bewegungsstab für den Arm: 1 m Schweißdraht
(aus dem Baumarkt) oder Rundstab.
Zum Befestigen: dünner Bindfaden oder Draht,
Musterbeutelklammern.

Anleitung:
Körper auf Hartfaserplatte oder Sperrholz zeichnen,
einen Arm und ein Bein separat zeichnen.
Mit der Laubsäge aussägen. Bemalen.
Arm und Bein mit Musterbeutelklammern
am Körper befestigen (siehe Zeichnung!).
Haltestab ankleben. Bewegungsstab mit Bindfaden
an der Hand des beweglichen Armes befestigen.
So kann man den Arm heben; das Bein schwingt
bei den Bewegungen mit.

PROJEKTMAPPE: DIE RÖMERZEIT

MINIATUR-THEATERBÜHNE (2)
SCHIEBE-FIGUREN
(KOMÖDIENKOSTÜME)

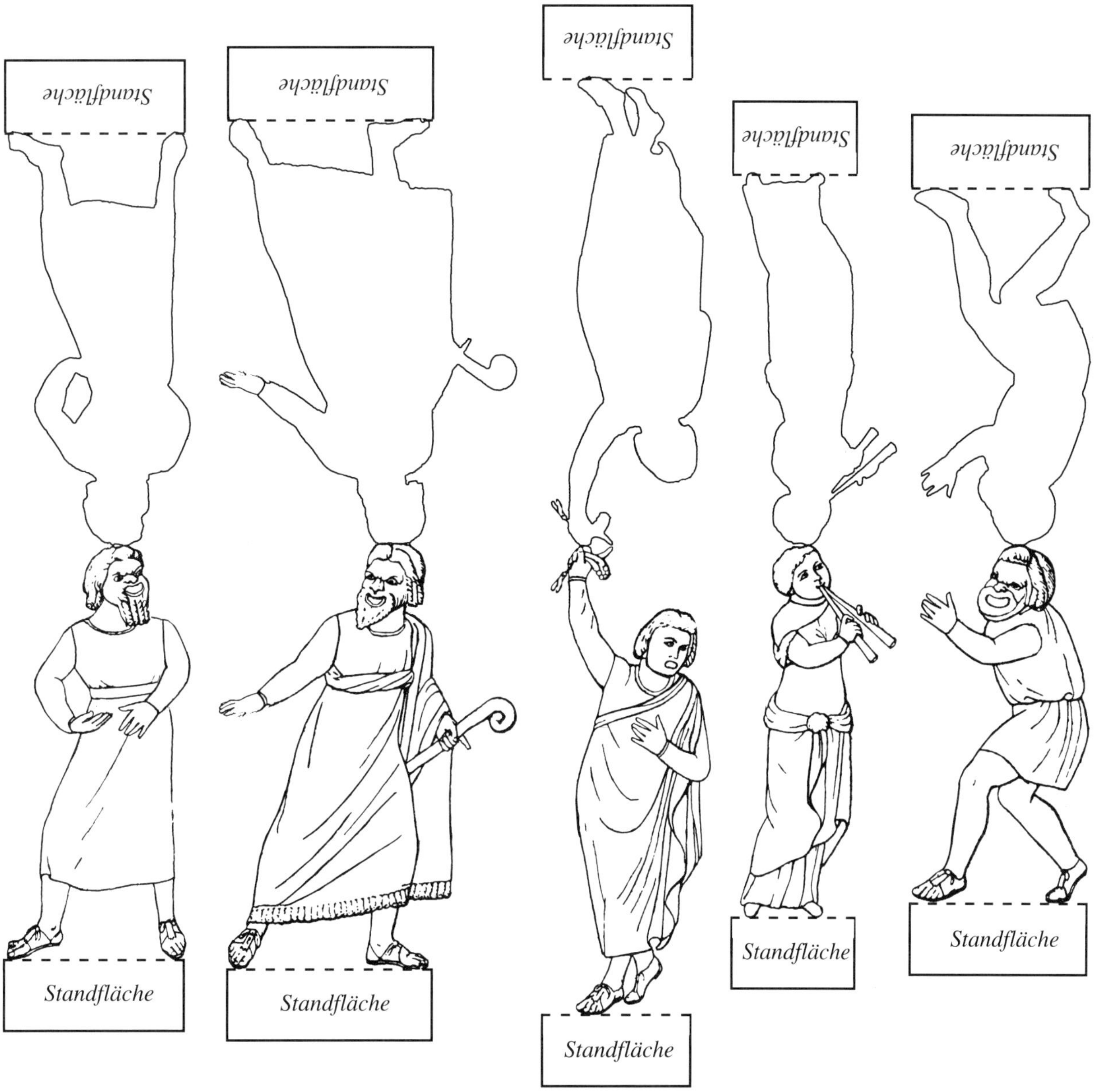

Standfläche

Standfläche

Standfläche

Standfläche

Standfläche

Standfläche

Standfläche

Standfläche

Standfläche

Standfläche

MINIATUR-THEATERBÜHNE (3)
RÖMISCHES THEATER IN COLONIA AUGUSTA EMERITA (MERIDA, SPANIEN)

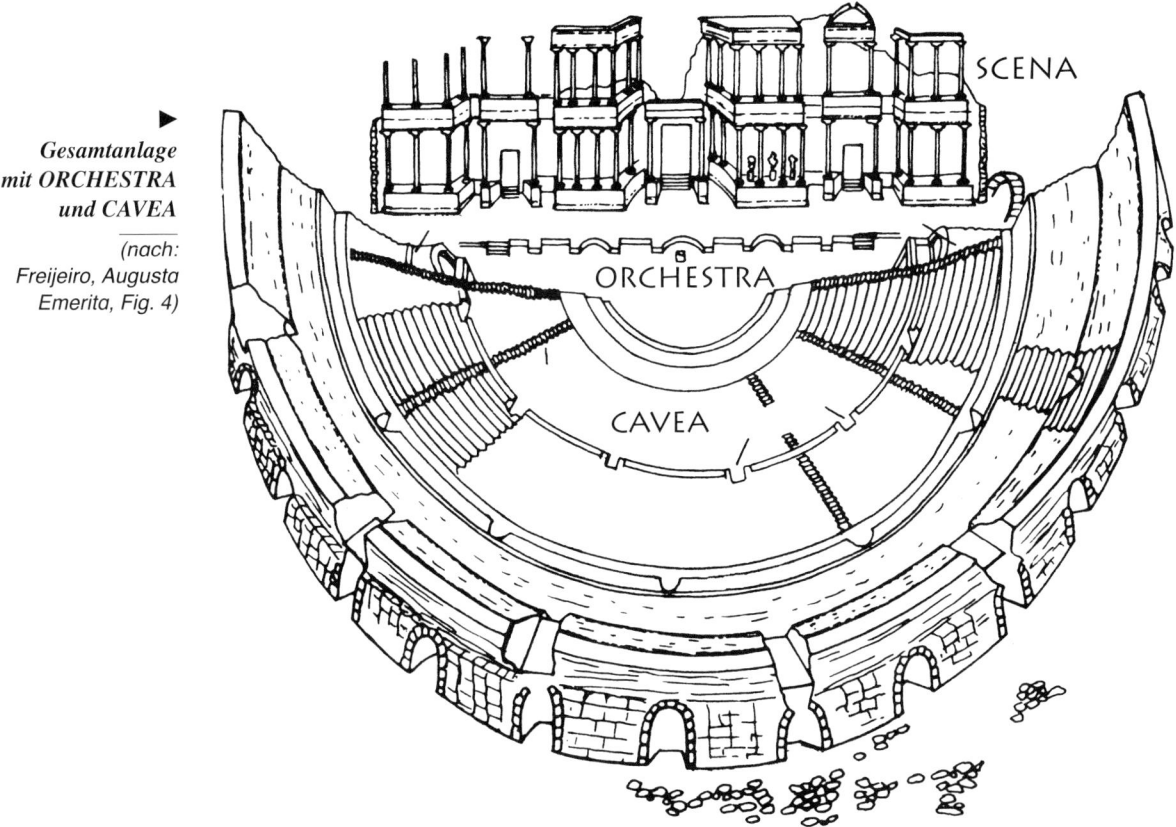

► *Gesamtanlage mit ORCHESTRA und CAVEA*

(nach: Freijeiro, Augusta Emerita, Fig. 4)

BÜHNENMODELL
Abbildung von S. 80 vergrößert auf DIN-A3-Karton kopieren, bunt malen oder mit verschiedenen Sorten Marmorpapier bekleben, Statuen dabei hervorheben. Türen ausschneiden. ORCHESTRA und halbrunden Zuschauerraum (CAVEA) aus Karton anbauen.

SPIELBÜHNE FÜR STABFIGUREN ODER MARIONETTEN

Material:
3 m weißer Stoff (Nessel vom Markt), Farben. Zwei Kartenständer. Tapeziertisch, weißes Tuch, das den Tisch verdeckt, OHP-Projektor.

Anleitung:
Bühnenfront (S. 80) auf Folie kopieren, an die Wand projizieren (in Breite des Tisches) und auf den Stoff zeichnen. Mit einem Marmormuster bemalen, dabei Statuen hervorheben. Anschließend an einer Stange zwischen zwei Kartenständern aufhängen. Tapeziertisch als Bühnenpodest im Abstand von ca. 50 cm vor der Bühnenwand aufstellen und zudecken. Die Spieler sitzen unter dem Tisch und bewegen von dort Stabfiguren (S. 77) vor der Bühnenfront.

PROJEKTMAPPE: DIE RÖMERZEIT

MINIATUR-THEATERBÜHNE (4)

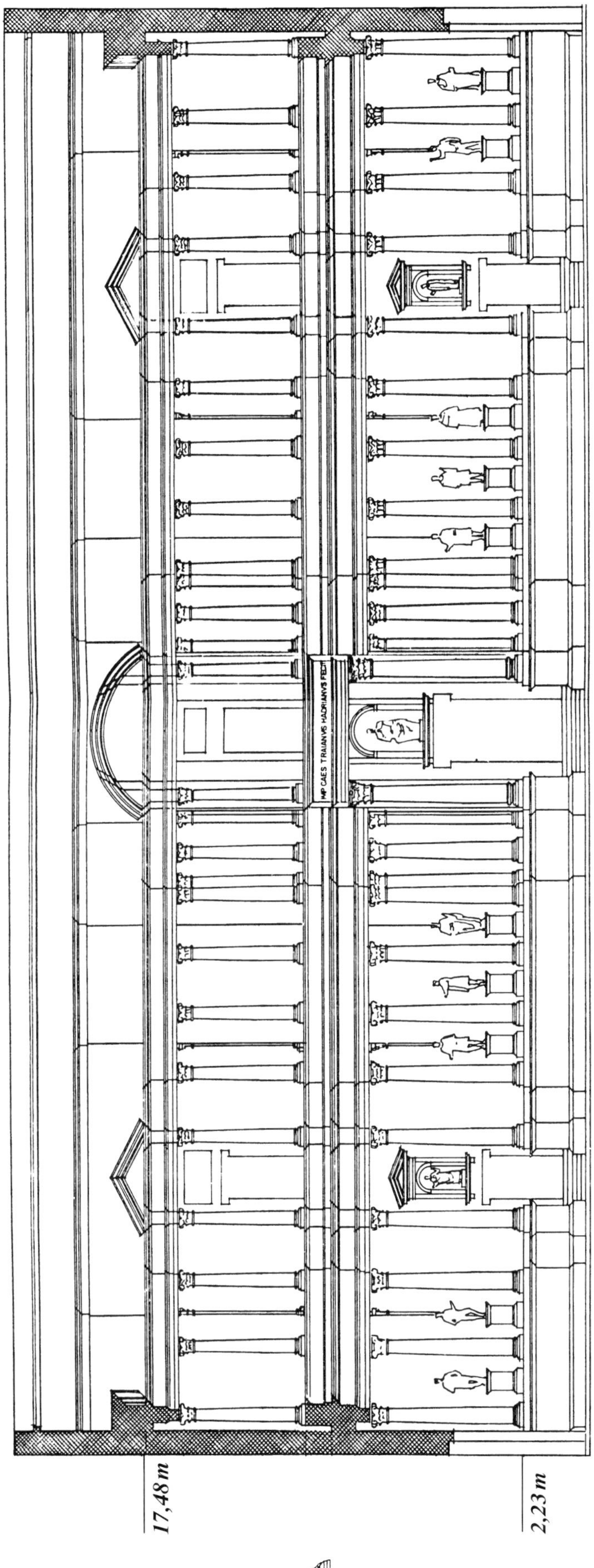

17,48 m

2,23 m

PLAUTUS: „GESPENSTERKOMÖDIE"

PERSONEN
Theoprópides, reicher Kaufmann in Athen
Philólaches, sein vergnügungssüchtiger Sohn
Tranio, pfiffiger Sklave des Philólaches
Philemátium, Freigelassene, Flötenspielerin, Hetäre
Scapha, Sklavin der Philemátium
Simo, alter Mann, Nachbar des Theoprópides
Callidámates, Freund des Philólaches
Delphium, Geliebte des Callidámates
Misargydes, Wucherer
Grumio, tölpelhafter Sklave des Theoprópides
Sklaven

ORT
Straße in Athen.
Links das Haus des Theodprópides,
davor ein Opferaltar.
Rechts das Haus des Simo.

HANDLUNG
Der reiche Kaufmann Theoprópides bricht zu einer
Geschäftsreise auf. Sein Sohn Philólaches nutzt die Abwesenheit
des Vaters, um ungehindert seinen ausschweifenden und teuren
Vergnügungen nachzugehen. Gerade findet wieder eine Riesenfete
mit viel Wein, Musik und leichten Mädchen in seinem Haus statt.

Da kommt der Vater vorzeitig von der Reise zurück.
Der Sklave Tranio meldet die Nachricht seinem beschwipsten
Herrn. Als Philolaches ihn nach langem Hin und Her endlich
versteht, gerät er in Panik. Denn er muss das schlimmste
Strafgericht samt Enterbung fürchten. Doch Tranio weiß Rat:
Er hält den Vater ab, ins Haus zu gehen, indem er ihm einredet,
dass das Haus verflucht sei: Das Gespenst eines Ermordeten
bringe allen Eintretenden den Tod. Die List gelingt:
Der Vater will weggehen. Doch da kommt der Wucherer
Misargydes, um die Schulden des Sohnes einzufordern.
Wieder muss Tranio sich etwas einfallen lassen …

Spinnt die Komödie weiter
oder lest den Schluss bei Plautus nach!

QUELLENTEXT
Plautus: **Aulularia, Menaechmi, Mostellaria**
(die Gespensterkomödie)
Frauenfeld 1990 (Huber Verlag),
ISBN 3-7193-0737-9.

EURIPIDES: „MEDEA"

**PERSONEN
DER TRAGÖDIE**

Medea, zauberkundige Königstochter aus Kolchis
    am Schwarzen Meer, Jasons Frau
Jason, von seinem Onkel Pelias des väterlichen Throns von Jolkos
    beraubt, Führer der Argonauten auf der Fahrt nach Kolchis
die 2 Söhne von Jason und Medea
Kreon, König von Korinth
Ägeus, König von Athen
Bote u.a.
Chor: 15 korinthische Frauen.

ORT

Vorhof des Palastes von Medea und Jason in Korinth.

**DIE VORGESCHICHTE
DER TRAGÖDIE**
Die Argonautensage

(Pantomime für einen Erzähler oder Chor und viele Pantomimen)
Jason hatte von König Pelias, seinem Onkel, den Auftrag erhalten,
das sagenumwobene Goldene Vlies zu holen. Dann solle er den
Thron erben, versprach der König heuchlerisch. In Wirklichkeit
hoffte Pelias, den Neffen in den sicheren Tod zu schicken.
Jason sammelte die besten Helden Griechenlands und segelte mit
seinem Schiff Argo nach Kolchis. Mit Hilfe der zauberkundigen
Königstochter Medea gelang es Jason, dem Drachen das Goldene
Vlies zu entreißen. Medea verliebte sich in Jason und wurde
seine Frau. Sie verhalf ihm zur Flucht, da ihr Vater das Vlies
nicht freiwillig hergeben wollte, und ging mit ihm nach Jolkos.
Doch König Pelias gedachte seinen Schwur nicht zu halten.
Da veranlasste Medea die Töchter des Königs, ihn zu töten.
Sie hatte ihnen versprochen, dass sie ihn verjüngen könnten,
wie sie es mit Jasons Vater getan hatte. Wieder mussten Jason und
Medea fliehen. Sie fanden Aufnahme bei König Kreon in Korinth.

**DIE
BÜHNENHANDLUNG**

▲ *Motiv auf der Medea-Vase
in der Antikensammlung München*

(nach: Webster, Hellenismus, S. 21)

In Korinth stößt Medea immer mehr auf Ablehnung:
Die Ausländerin ist den Korinthern unheimlich.
Jason verlässt Medea und heiratet die Königstochter Kreusa.
Medea – scheinbar versöhnt mit ihrem Schicksal als ausgestoßene
Fremde und betrogene Gattin – schickt der Braut als Hochzeits-
geschenk ein Prachtgewand und ein Diadem. Doch beides
ist vergiftet und verbrennt Jasons Braut und deren Vater.
Der Hass auf den untreuen Gemahl und die Sorge um die Zukunft
der Söhne als verachtete Fremde lassen Medea verzweifeln:
Sie entschließt sich, die Söhne zu töten um Jason zu strafen.
(In der Ursprungssage töten die Korinther die Kinder.)

Euripides: **Medea,** Stuttgart
(Reclam UB 849) ISBN 3-15-000849-2

QUELLENTEXT

TIPPS UND PROJEKTIDEEN ZUM THEMA KOSTÜME

- Die Komödienszene auf Seite 73 **bunt malen.**
  Sprechblasen aufkleben: **Comic** ausdenken.

- **Theaterfiguren** und
  Miniatur-Bühne herstellen (s. S. 57/58).

- Bühne und Figuren in einer
  Ausstellung präsentieren.

- Mit den Theaterfiguren ein **antikes Stück aufführen,**
  z.B.: Plautus' Gespensterkomödie oder Euripides' Medea
  (S. 81 und 82).

- **Römerhaus als Mini-Bühne** bauen,
  s. Anleitung im Kapitel „Wohnen" (S. 64).

- **Eigene Theaterstücke** erfinden und vorführen.

- **Theatergewänder in Lebensgröße** anfertigen.

- **Komödienkostüm drapieren:**
  Laken stecken wie den griechischen PEPLOS,
  siehe Kapitel „Kleidung", S. 19.

- **Tragödienkostüme nähen**
  (SYRMA: Abbildungen S. 83).
  Ein Projekt für Fortgeschrittene!
  Material:
  langärmlige T-Shirts als Ärmeltrikot,
  einfarbigen Stoff für das ärmellose Oberkleid.
  Stofffarbe zum Aufmalen oder Filz
  zum Aufnähen der Muster.

- In einer **Modenschau**
  „Theatermasken und Kostüme" vorführen.

- **Pantomime** in Kostümen aufführen,
  z.B. die Sage von den Argonauten (S. 82).

- **Kostüme mit passenden Szenen
  aus antiken Dramen präsentieren:**
  In Aischylos' Tragödie „Die Perser" werden
  königliche Gewänder sogar zum Thema.
  Eure Tragödienkostüme könntet ihr
  wirkungsvoll mit Zitaten präsentieren:
  Die Perserkönigin Atossa erscheint im Prachtgewand,
  besorgt um das Schicksal ihres Sohnes Xerxes.
  Der Geist ihres verstorbenen Gemahls Dareios
  erscheint in „safranfarbenem Königsgewand"
  und verkündet den Sieg des griechischen
  Heeres über Xerxes. Da legt die Königin
  Trauergewänder an
  (Vers 180–200, 827–850) …

INFORMATIONEN ZUSAMMENSTELLEN UND PRÄSENTIEREN, Z.B. AUS:

Fugmann, Joachim:
**Römisches Theater
in der Provinz,**
Kleine Schriften 41.
*(Knappe Übersicht über
das antike Theaterwesen,
zahlreiche s/w Abb.)*
Bezug: Württemberg.
Landesmuseum Stuttgart,
Altes Schloß, Schillerplatz 6,
70173 Stuttgart.

Nold, Wilfried:
**Museumstheater mit
Kindern im Liebighaus-
Museum Alter Plastik,**
Frankfurt (ed. aragon),
ISBN 3-922220-06-1.
*(Broschüre mit s/w Abb.,
praktische Erfahrungen.)*

Simko, D.:
**Antike Maskenspiele
im römischen Theater,**
Augster Museumshefte,
August 1989,
Bezug: Römermuseum
Augst, Giebenacherstr. 17,
CH-4302 Augst.

MULTI-MEDIA-SCHAU „GÖTTERTHEATER"

*Schon im antiken Theater waren
Schau-Effekte bekannt und beliebt:
Unter Blitz und Donner konnte plötzlich
Jupiter vom Himmel herabschweben.
Als DEUS EX MACHINA – „Gott aus der Maschine" –
griff er in die Handlung ein und rettete seine
Schützlinge vor der unausweichlichen Katastrophe.
Hebekräne auf dem Bühnendach
oder Aufzüge im Boden brachten diese
Göttergestalten auf die Bühne.*

▲ *Bühne mit Theatermaschinen
für den „DEUS EX MACHINA"*

(Kähler, Rom, S.167)

*Veranstaltet doch einmal ein bisschen Göttertheater!
Mit Hilfe moderner Medien geht das ganz leicht und sehr effektvoll.
Dabei könnt ihr die Götter sachlich-informativ darstellen
oder euch eine Götter-Parodie ausdenken.
Auf den folgenden Seiten findet ihr zwei Vorschläge zur Auswahl:
die Multimedia-Schau „Göttertheater"
und eine Götterparodie
„Vera Pötter und die Götter".*

DIE WICHTIGSTEN RÖMISCHEN GÖTTER UND IHRE ATTRIBUTE (1)
– FOLIE A –

1

2

3

4

5

6

7

8

9

85

DIE WICHTIGSTEN RÖMISCHEN GÖTTER
UND IHRE ATTRIBUTE (2)

Stellt zuerst einmal fest,
welche Beschreibung zu welchem Bild gehört:

GOTTHEIT		Zuständigkeitsbereich	Kennzeichen
JUPITER	☐	Gott des Himmels, Götterkönig	Zepter, Thron, Blitze, Adler
JUNO	☐	Himmelskönigin, Jupiters Gemahlin, Göttin der Ehe und der Frauen	Diadem, Zepter, Spendenschale, Pfau
MINERVA	☐	Göttin der Weisheit, der Handwerks- und Kriegskunst	Helm, Lanze, Ziegenfell mit Schlangen, Eule
VENUS	☐	Göttin der Liebe und Schönheit, untreue Gemahlin des Vulcanus	Spiegel, Schmuck, verführerische Kleidung
MARS	☐	Kriegsgott	Helm, Brustpanzer, Feldherrnmantel, Waffen
NEPTUNUS	☐	Meeresgott	Dreizack, Delphin und andere Meerestiere
CERES	☐	Göttin der Fruchtbarkeit, des Ackerbaus	Ährenbündel, Pechfackel als Lebenszeichen, Diadem, Kranich
APOLLO	☐	Gott der schönen Künste, Führer der Musen, Orakelgott	Leier, Bogen und Köcher mit Pestpfeilen, Dreifuß
DIANA	☐	Göttin der Jagd und der Tiere, Geburtsgöttin, Mondgöttin	Pfeil und Bogen, Reh, Mondsichel

Lösung:
Jupiter: 5 | Juno: 2 | Minerva: 7 | Venus: 7 | Mars: 9 | Neptunus: 6 | Ceres: 8 | Apollo: 1 | Diana: 3

PROJEKTMAPPE: DIE RÖMERZEIT

THEATERBÜHNE MIT GÖTTERSTATUEN
– FOLIE B –

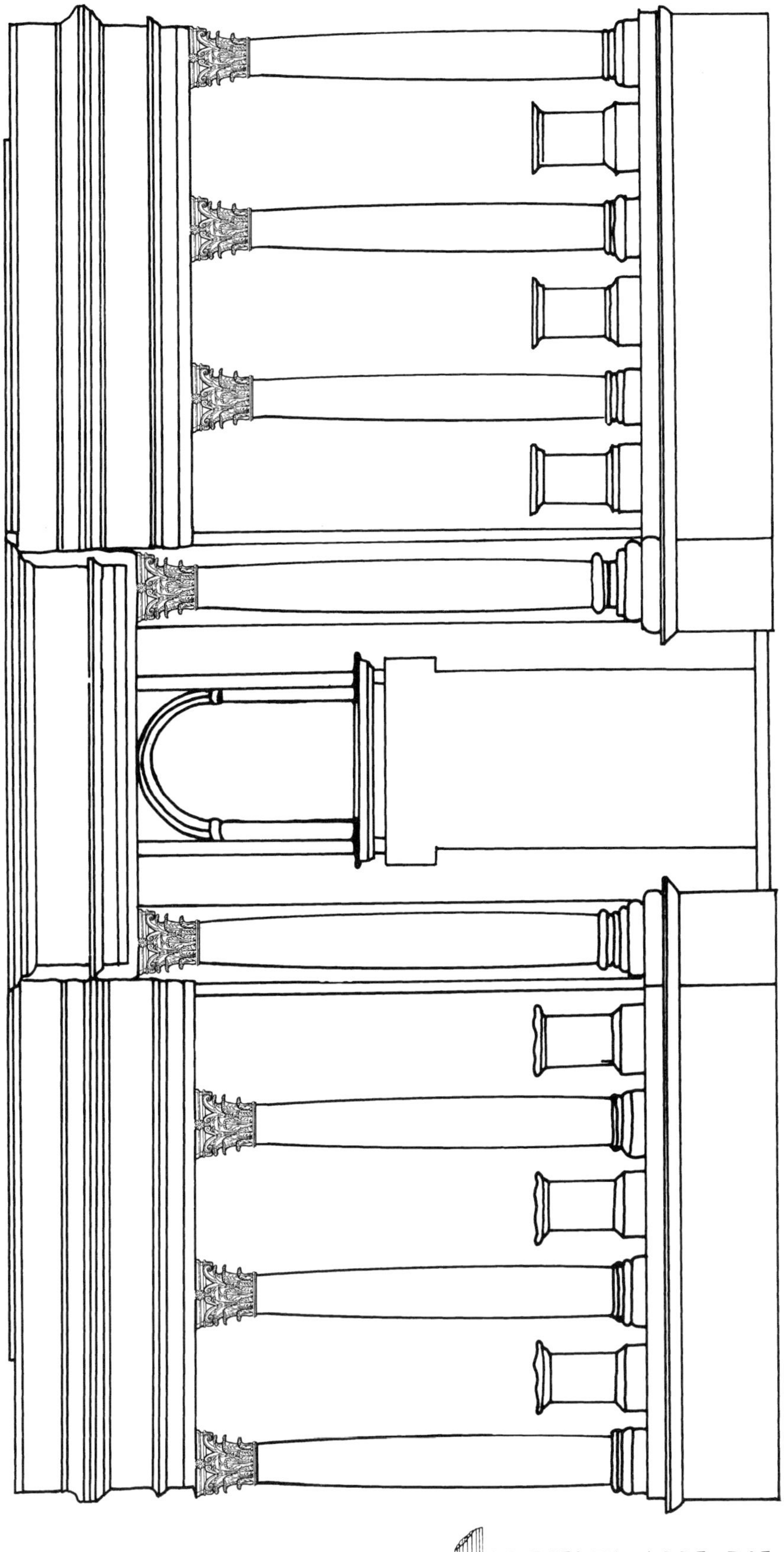

(nach: Freijeiro, Merida)

MULTI-MEDIA-SCHAU „GÖTTERTHEATER" (1)
VORBEREITUNG

ALS MITWIRKENDE BRAUCHT IHR

2 **Moderatoren,** die durch die Schau führen
  und den Text sprechen;

7–9 **Pantomimen,** die als Götter agieren;

2 oder mehr **Gewandmeisterinnen,** die die Götter ankleiden;

2 oder mehr **Requisiteure,** die die charakteristischen Gegenstände
  für die Götter herstellen und sie diesen beim Auftritt reichen;

4 oder mehr **Bühnentechniker,** die Projektor, Folien,
  CD-Player u.a. Medien betreuen;

2 **Fotografen** und **Videofilmer;**

2 **Werbespezialisten** für Plakate, Einladungen,
  Kontakte zur Presse und/oder Flugblätter.

ALS KLEIDUNG, GERÄTE UND MATERIAL BRAUCHT IHR

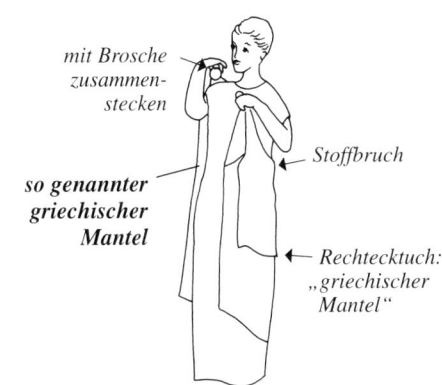

mit Brosche zusammenstecken

so genannter griechischer Mantel

Stoffbruch

← *Rechtecktuch: „griechischer Mantel"*

Als **Kleidung** müssten die Pantomimen prächtige Theatergewänder tragen, wie ihr sie auf S. 73 seht. Aber für eure Götterschau genügen auch einfache Kleider: eine Tunika (S. 15) und ein Rechtecktuch (1,50 x 2,50 m), das ihr anlegt wie in antiken Zeiten (s. Abb. rechts).

▲ *PEPLOS (s. S. 19)*

- **Folie A:** von jedem darzustellenden Gott eine separate Folie, dazu die Vorlage auf S. 85 entsprechend vergrößern,
- **Folie B:** Bühnenfront mit Götterstatuen (s. S. 87),
- ein Rechteck aus schwarzem Karton, so groß, dass es eine Götterfigur auf Folie B abdeckt,
- Projektor,
- eine weiße Bühnenrückwand,
- ein Podest mit Stufen, davor einen weißen Vorhang (ca. 1,50 x 2,50 m),
- CD-Player,
- CDs mit griechisch-römischer Musik (Panflöten- oder Gitarrenmusik),
- Geräusch-MC/CD: Donner u.Ä. (Tipp: „Wettergeräusche-Spiel", Verlag an der Ruhr, ISBN 3-86072-252-2.)
- Scheinwerfer.

Über der Mitteltür der Theaterbühne (Folie B) thront Jupiter zwischen Juno und Minerva. Ihr könnt eure sieben Lieblingsgötter für die Podeste auswählen – oder die Bühnenfront beliebig verlängern.

MULTI-MEDIA-SCHAU „GÖTTERTHEATER" (2)
ABLAUF

**ABLAUF
DER SCHAU**

1) Ihr zeigt die römische Bühnenfront, Folie B, an der Rückwand eurer Bühne. Dazu ertönt Musik auf griechisch-römischen Instrumenten, z.B. Panflöte oder Gitarre. In der Mitte, genau vor der sog. Königstür der Bühne, steht ein Podest hinter einem weißen Vorhang.

2) Die Tontechniker lassen die Musik langsam leiser werden. Die Moderatoren erscheinen, begrüßen die Gäste im römischen Göttertheater, kündigen die Schau an, verraten aber noch nicht zu viel. Dann stellen sie jeden Gott einzeln vor, das geschieht so:

3) Sie gehen zu der entsprechenden Statue und erklären sie.

4) Sobald die Sprecher die Einzelheiten erklärt haben, wird es dunkel, es blitzt und donnert. Die Bildtechniker schalten den Projektor aus. Sie legen die Abdeckung auf die erklärte Figur – hier sieht der Zuschauer dann ein schwarzes Loch statt der Figur. Zugleich legen sie das Einzelbild des Gottes aus Folie A so auf, dass die Figur in Lebensgröße auf dem Vorhang in der Mitte erscheint. Blitz und Donner enden, das Licht (der Projektor) geht an, die Musik ertönt wieder. Nach einiger Zeit ertönt ein Donnerschlag; der Vorhang öffnet sich: Dahinter steht ein Pantomimenspieler als Götterstatue, genau in der gleichen Haltung – anfangs noch in einfacher Tunika, ohne die charakteristischen Gegenstände. (Spotlight!)

5) Nun beginnt die feierliche Zeremonie der Ankleidung – genau so wie zur Römerzeit an den Festtagen der Götter: Die Gewandmeisterinnen bringen der Gottheit ihre Übergewänder und bekleiden sie.

6) Die Gottheit erwacht zum Leben: Der Pantomime beginnt sich zur Musik zu bewegen … Er winkt die Requisiteure herbei. Diese bringen die Götterattribute. Witzig kann das Spiel werden, wenn sie immer wieder Falsches bringen und die Gottheit damit erzürnen.

7) Wenn alle Attribute beisammen sind, steigt der Gott feierlich die Stufen hinab zu den Menschen. Er geht in den Zuschauerraum, genau in seiner charakteristischen Art: als Juno z.B. königlich wie die Queen. Ideal wäre ein „roter Teppich" (Stoffbahn) vom Podest zum Zuschauerraum!

8) Der Götterpantomime grüßt die Zuschauer hoheitsvoll, kehrt zum Podest zurück und erstarrt zur Statue. Der Vorhang schließt sich. Auf dem Vorhang erscheint wieder das Projektionsbild. Unter Blitz und Donner kehrt die Figur auf den alten Platz zurück.

9) So wird ein Gott nach dem anderen zum Leben erweckt …

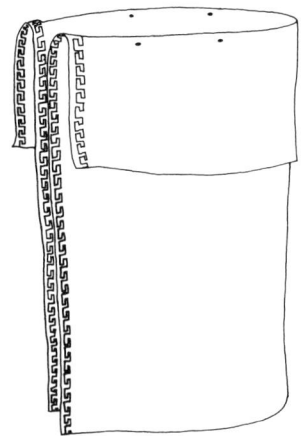

▲ *Übergewand PEPLOS*

MULTI-MEDIA-SCHAU „GÖTTERTHEATER" (3)
ZEITPLAN FÜR EINE PROJEKTWOCHE

1. TAG:
VORBEREITUNG
IM PLENUM UND
TEAMBILDUNG

- **Auswahl der Götter:**
Welche Götter eignen sich besonders gut für eine Pantomime?
Welche Attribute sind leicht herzustellen, welche kann man durch
Alltagsgegenstände ersetzen? Welche Kleider braucht man?
- **Kleiderexperimente:** Anlegen der Göttergewänder,
griechischer Mantel und PEPLOS (Abbildungen S. 88).
- **Rollenverteilung:** Wer erklärt, wer spielt die Götter?
Wer sorgt für die Requisiten? Wer bedient den Projektor,
wer die Scheinwerfer? Wer stellt die Musik zusammen?
- **Teambildung:** Jedes Götterteam besteht aus mindestens
3 Personen: 1 Gott + 2 Gewandmeisterinnen. Bei kleinen
Gruppen können die Gewandmeisterinnen auch die Requisiten
betreuen, in großen Gruppen gibt es eigene Requisiteure.

2.–4. TAG:
TEAM-ARBEIT

- Die **Moderatoren** bereiten Text und Choreografie
der Schau vor.
- Die **Götterteams** gestalten Requisiten und Kleidung
und proben das Anlegen.
- Die **Technikerteams** bereiten die Schaueffekte vor:
  → Die *Tontechniker* stellen MCs und CDs
  mit Musik und Geräuschen zusammen.
  → Die *Bildtechniker* bereiten die Folien zur Projektion vor
  und probieren sie auf der Bühne aus: Wie weit muss der
  Projektor von der Bühnenrückwand entfernt sein, damit die
  Bilder lebensgroß erscheinen? Wie muss man die Folien
  übereinander legen (Overlay-Verfahren), damit die Figur
  auf dem Podest steht?
  → Die *Beleuchter* probieren verschiedene Lichteffekte aus:
  Spot-Light, allgemeine Beleuchtung, Blitz …
- Tontechniker, Bildtechniker und Beleuchter müssen den
Ablauf der Schau gemeinsam planen und ausprobieren!!
Wenn die Technik einsatzbereit ist, proben sie den Ablauf
mit den Moderatoren und Götterteams auf der Bühne
in einer sogenannten *Stellprobe.*
- Die **Werbespezialisten** könnten Szenenfotos für die
Öffentlichkeitsarbeit machen. Sie gestalten Plakate und
hängen sie auf, verschicken illustrierte Einladungen,
formulieren eine Presseerklärung und laden die Medien ein.
Videospezialisten könnten die Probenarbeiten filmen.

5. TAG

- Proben der gesamten Schau: *Generalprobe*
mit Fotos und Videoaufnahme.

6. TAG

- **Große Multimedia-Schau** (Videoaufnahme!).

 PROJEKTMAPPE: DIE RÖMERZEIT

GÖTTER-SPECTACULUM
„VERA PÖTTER UND DIE GÖTTER"

Noch spannender, aber auch schwieriger ist eine Kombination
von Medienschau, Pantomime und Sprechtheater.

ORT Ein römisches Theater.

PERSONEN **Vera Pötter,** ein Mädchen, Touristin in einer Römerstadt
Claudia Klug, ihre Freundin
Marcus Mann, ihr Vetter
Römische Götter

MATERIAL Wie bei der Schau „Göttertheater".

HANDLUNG Vera besichtigt mit ihrer Freundin Claudia und ihrem Vetter
Marcus ein römisches Theater. Sie betrachten die Bühnenfront
(Folie B) und diskutieren über die Theaterbühne und die Götter
im Allgemeinen. Dann bleiben sie vor einer Statue stehen und
raten anhand der Attribute den Namen. Sobald einer der drei den
richtigen Namen nennt, ertönt ein Signal. Mit einem Zauberschlag
verkehren sich die Rollen: Die Kinder erstarren zu Statuen;
die Gottheit wird lebendig. Sie schwebt von ihrem Platz
zur Bühnentür, ihr Bild erscheint auf dem weißen Vorhang.
Dieser öffnet sich, unter Blitz und Donner erscheint ein Schauspieler als Gottheit, z.B. Juno. Mit verfremdeter Stimme, durch
ein Mikro mit Hall-Effekt, begrüßt die Göttin die Zuschauer und
dankt für die Wiederbelebung. Dann schreitet sie die Stufen
hinab zu den Menschen, hoheitsvoll-würdig wie die Queen.

Juno fragt die Zuschauer nach ihren Wünschen. Im Publikum
sitzen Mitspieler, die sich interessante Fragen und Wünsche
ausgedacht haben. Wenn ein Wunsch in Junos Machtbereich fällt,
ertönt ein Signal. Juno verspricht die Erfüllung, fordert aber zuvor
ein Gelübde (VOTUM): den Bau eines Tempels, die Aufstellung
eines Weihesteins oder Altars.

Dann kehrt die Göttin zur Bühne zurück und steigt auf das Podest.
Der Vorhang schließt sich unter Blitz und Donner.
An der Stelle der Schauspielerin erscheint das Projektionsbild,
bleibt kurz stehen und kehrt dann auf seinen Platz zurück.
Da erwachen Vera, Claudia und Marcus wieder zum Leben.
(Donnerschlag! Spotlight auf die drei!) Die Kinder gehen zur
nächsten Statue und das Spiel beginnt von neuem.

Denkt euch ein witziges Stück mit vielen Effekten aus!

PROJEKTMAPPE: DIE RÖMERZEIT

TIPPS UND PROJEKT-IDEEN

INFORMATIONEN ZUSAMMENSTELLEN UND PRÄSENTIEREN, Z.B. AUS:

Carstensen, Richard:
Griechische Sagen.
Römische Sagen,
München 1978
(dtv Junior 7904, 7905),
ISBN 3-423-07904-5
(Erzählungen. Ohne Abb.).

Grant, Michael/Hazel, John:
Lexikon der antiken
Mythen und Gestalten,
München 1999[14] (dtv TB)
ISBN 3-471-77623-0
(gute Übersicht, zahlr. s/w Abb.).

Huber, Heide:
Die Römer und die Götter,
Stuttgart 1990[11] (Klett),
ISBN 3-12-993119-8
(12 Dias mit didakt. Beiheft).

Huber, Heide:
„Der missratene Göttersohn"
Theaterspiel im Museum.
in: „Der altsprachliche
Unterricht", Sonderheft „Lernen
im Museum", Velbert 2001
(Friedrich Verlag, Seelze)
(Nacherzählung
zur Pantomime).

Kerényi, Karl:
Die Mythologie der Griechen,
I Die Götter- und
Menschheitsgeschichten,
II Die Heroen-Geschichten,
München 1992
(dtv TB 1345,1346),
ISBN 3-423-01345-1
(gute Erklärungen, ohne Abb.).

- **Götter raten:** Einer zeichnet auf dem OHP.
  Wer den Gott rät, darf den nächsten zeichnen.
  Pantomimen raten.

- **Götterdarstellungen** in Museumsprospekten,
  Katalogen und Büchern suchen.

- **Exkursion ins nächstgelegene**
  Römermuseum unternehmen,
  Götter und ihre Attribute entdecken: zeichnen.

- **Griechisch-römische Sagen** aussuchen,
  Vorlesen mit Kassettenrecorder.

- **Handlungsreiche Sagen als Pantomime oder**
  Stegreifspiel vorführen, z.B. die Sage über die Aufnahme
  von Vulcanus und Bacchus in den Olymp:
  Inhalt: Vulcanus erfährt von seiner Pflegemutter Thetis,
  daß er Junos Sohn ist und wegen seiner mißgebildeten Beine
  ausgesetzt wurde. Er beschließt, sich an seiner Mutter zu rächen:
  Er schmiedet einen kunstvollen Thron, verzaubert ihn und
  schickt ihn Juno. Als Juno sich begeistert auf den Thron setzt,
  kann sie nicht mehr aufstehen.
  Alle Götter versuchen, sie zu befreien – vergeblich.
  Endlich schicken die Götter Bacchus zu Vulkans Schmiede.
  Er soll Vulcanus betrunken machen und in den Olymp bringen.
  Aber auch betrunken ist Vulcanus nicht bereit,
  die Mutter zu befreien. Erst als diese ihm die Liebesgöttin
  Venus zur Gemahlin verspricht, löst er den Zauber.
  Die Hochzeit wird mit einem großen Fest gefeiert.
  Bacchus wird zum Dank in den Olymp aufgenommen.
  Er bekehrt die Götter zum Weintrinken –
  mit entsprechenden Folgen.

- Kennzeichen der Götter auf **Fotokarton**
  oder Hartfaserplatte malen, ausschneiden,
  für die Pantomime benutzen.

- **Götter-Kartenspiele** spielen aus
  „Lernspiele Römerzeit".

- **Götter-Memory** gestalten.

- **Miniaturtheater „Olymp"**
  mit Götterfiguren gestalten (S. 85).

- **Götter-Marionetten** bauen.

- **Multimedia-Schau „Kleider"** veranstalten (S. 30).

- **Karneval „Fest im Olymp"** feiern,
  Göttergewänder anfertigen.

- **Klasse „göttlich" dekorieren.**

MONUMENTE-MEMORY

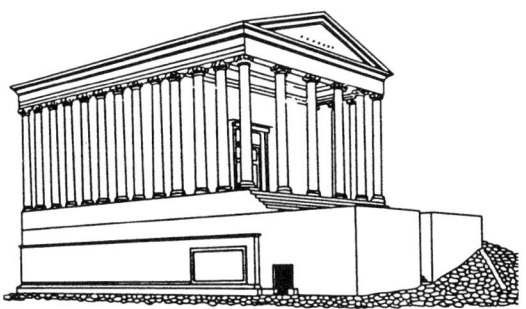

Roms Baukunst bestimmt unsere Städte bis heute.
Die Römer lehrten uns, mit Steinen zu bauen.
Sie brachten uns Gewölbe, Rundbögen, Brücken
und Beton (OPUS CAEMENTITIUM).
Ohne sie lebten wir Germanen heute noch in
Stroh-Lehm-Hütten und wären „auf dem Holzweg".

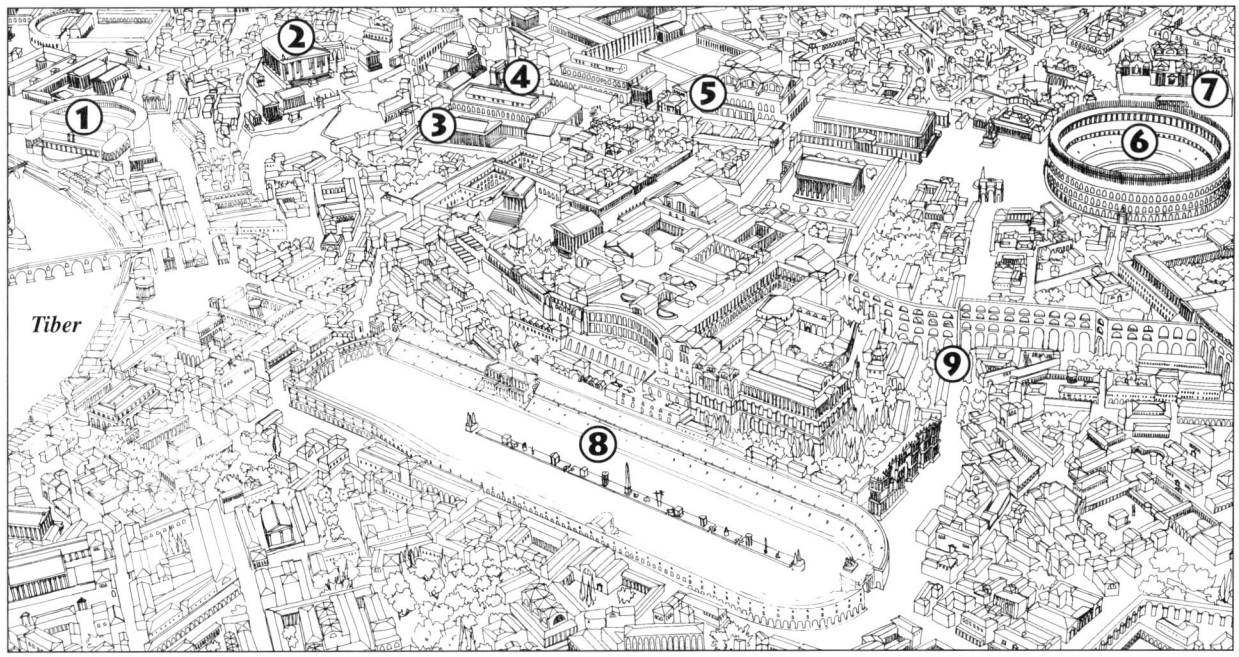

▲ *Rom zur Zeit Kaiser Konstantins (306 – 337 n.Chr.)*

① *Marcellustheater,* ② *Kapitolstempel,* ③ *Saturntempel,* ④ *Forum mit Rednertribüne und Senatssaal,*
⑤ *Konstantinsbasilika,* ⑥ *„Kolosseum",* ⑦ *Titusthermen,* ⑧ *Circus Maximus,* ⑨ *Wasserleitung*

(nach: Liberati/Bourbon, Rom. Weltreich der Antike, S. 102)

Auf den folgenden Karten findet ihr Ansichten, Grundrisse
und Beschreibungen von zwölf bedeutenden Römerbauten.
Damit könnt ihr z.B. Monumente-Memory spielen oder Poster gestalten.
Aber jetzt schaut erst mal die Bilder auf den Seiten 95 – 98 an und ratet,
welche Ansicht jeweils zu welchem Grundriss gehört.
Notiert eure Antworten auf Seite 94.
Tipp: Das geht am besten in Partnerarbeit:
einer vergleicht die „Staatsbauten" (95 und 96),
der andere „Versorgung und Freizeit" (97 und 98).
Dann tauscht ihr und diskutiert die Ergebnisse.
Wer hat die meisten richtigen Ergebnisse?

PROJEKTMAPPE: DIE RÖMERZEIT

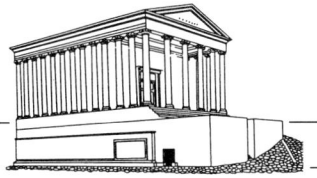

12 ANSICHTEN UND GRUNDRISSE RÖMISCHER BAUDENKMÄLER

Arena für Gladiatorenschaukämpfe und Tierhetzen:

Badeanlage mit Freizeitzentrum:

Gerichts- und Markthalle des Maxentius:

Grabmal des Kaisers Hadrian:

Pferderennbahn:

Rednertribüne:

Saturntempel mit Staatskasse und Nachrichtentafel:

Schauspielhaus:

Senatssaal:

Tor der aurelianischen Stadtmauer:

Tempel der Staatsgötter Jupiter, Juno, Minerva:

Wasserleitungen:

Lösungen:

Arena für Gladiatorenschaukämpfe und Tierhetzen: AMPHITHEATRUM | Badeanlage mit Freizeitzentrum: THERMAE | Gerichts- und Markthalle des Maxentius: BASILICA MAXENTII/CONSTANTINI | Grabmal des Kaisers Hadrian: MAUSOLEUM HADRIANI | Pferderennbahn: CIRCUS | Rednertribüne: ROSTRA | Saturntempel mit Staatskasse und Nachrichtentafel: TEMPLUM SATURNI | Schauspielhaus: THEATRUM | Senatssaal: CURIA | Tor der aurelianischen Stadtmauer: PORTA AURELIA | Tempel der Staatsgötter Jupiter, Juno, Minerva: TEMPLUM CAPITOLINUM | Wasserleitungen: AQUAEDUCTUS

STAATSBAUTEN (1)
ANSICHTEN

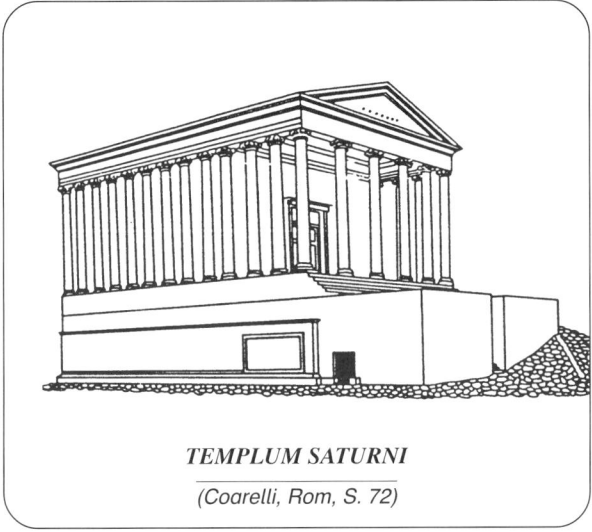

TEMPLUM SATURNI

(Coarelli, Rom, S. 72)

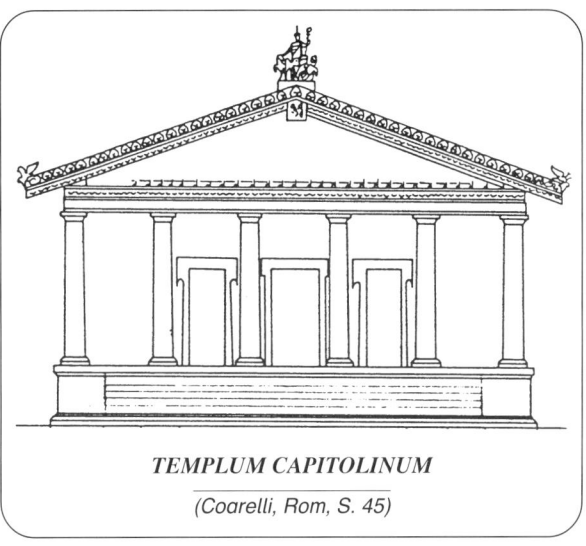

TEMPLUM CAPITOLINUM

(Coarelli, Rom, S. 45)

ROSTRA

(Kähler, Rom und seine Welt, S. 361)

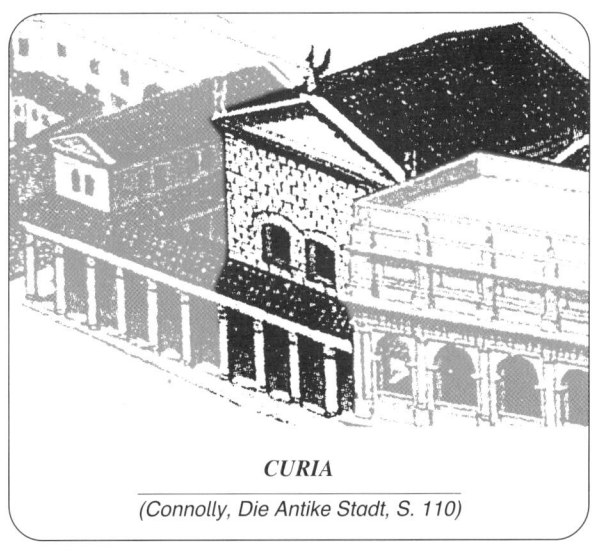

CURIA

(Connolly, Die Antike Stadt, S. 110)

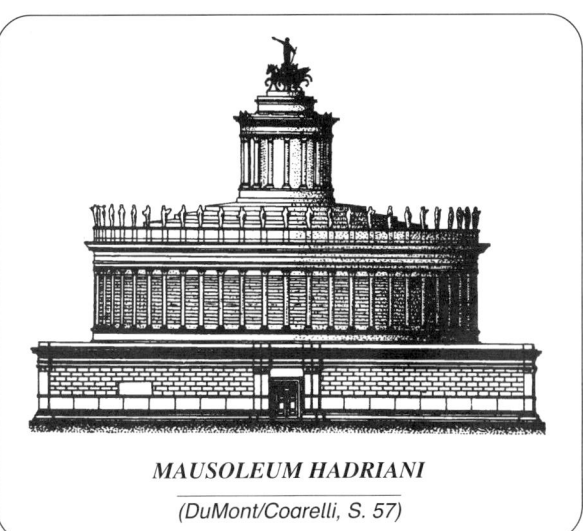

MAUSOLEUM HADRIANI

(DuMont/Coarelli, S. 57)

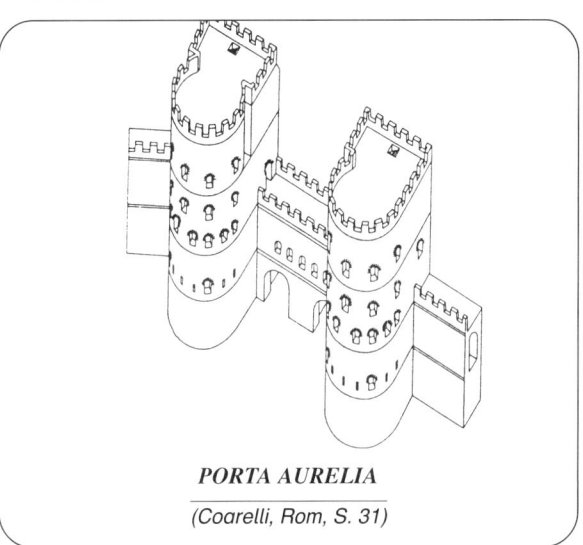

PORTA AURELIA

(Coarelli, Rom, S. 31)

PROJEKTMAPPE: DIE RÖMERZEIT

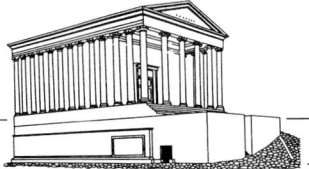

STAATSBAUTEN (2)
GRUNDRISSE

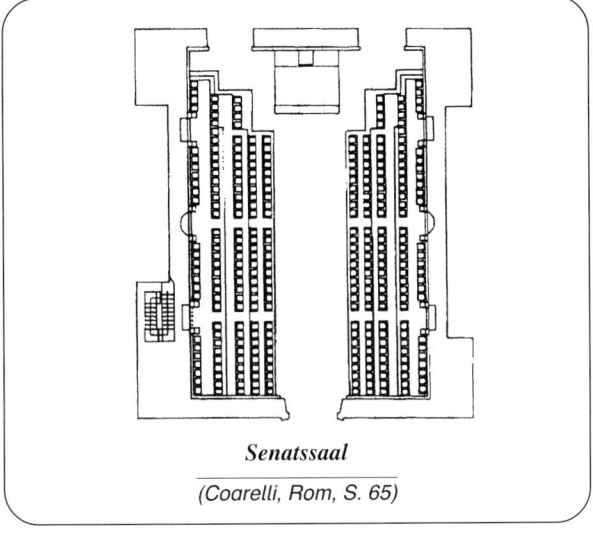

Senatssaal

(Coarelli, Rom, S. 65)

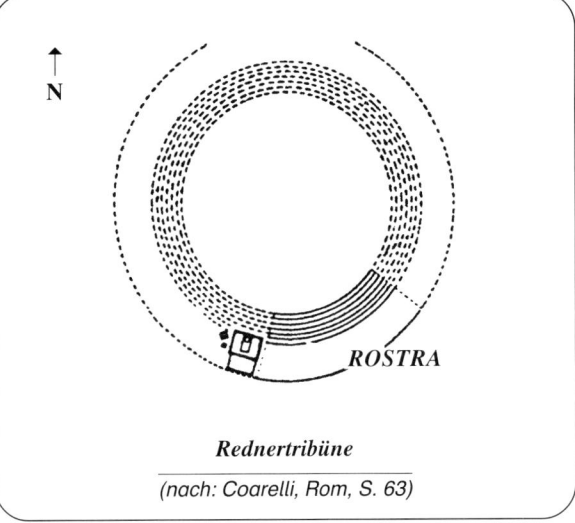

Rednertribüne

(nach: Coarelli, Rom, S. 63)

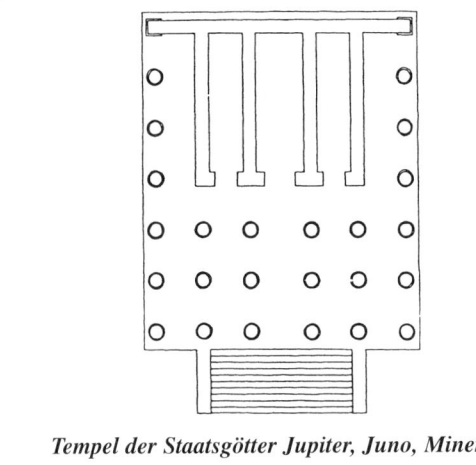

Tempel der Staatsgötter Jupiter, Juno, Minerva

(Coarelli, Rom, 45)

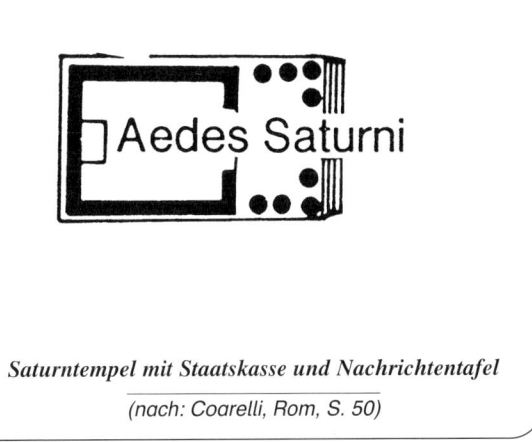

Saturntempel mit Staatskasse und Nachrichtentafel

(nach: Coarelli, Rom, S. 50)

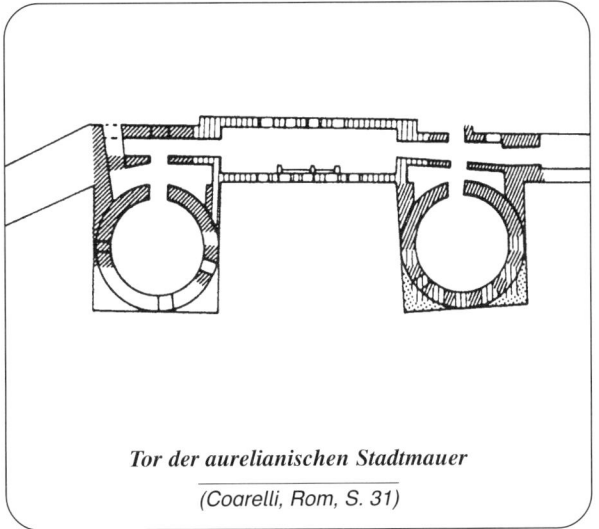

Tor der aurelianischen Stadtmauer

(Coarelli, Rom, S. 31)

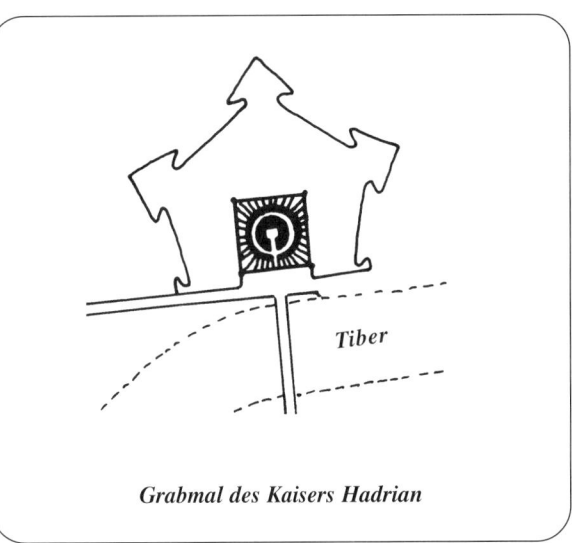

Grabmal des Kaisers Hadrian

PROJEKTMAPPE: DIE RÖMERZEIT

96

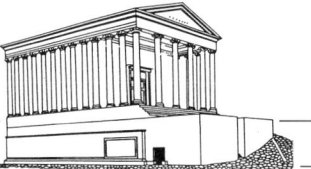

VERSORGUNG UND FREIZEIT (1)
ANSICHTEN

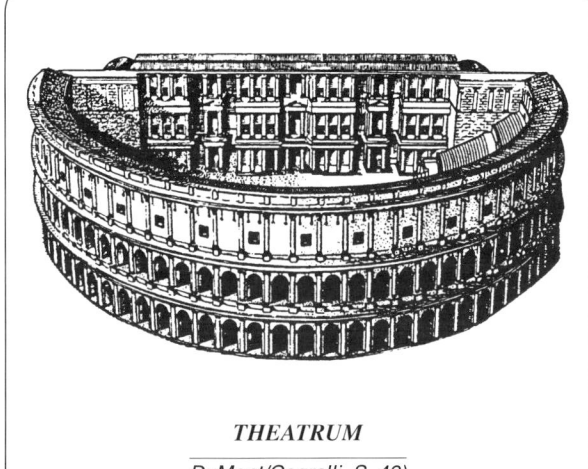

THEATRUM

DuMont/Coarelli, S. 49)

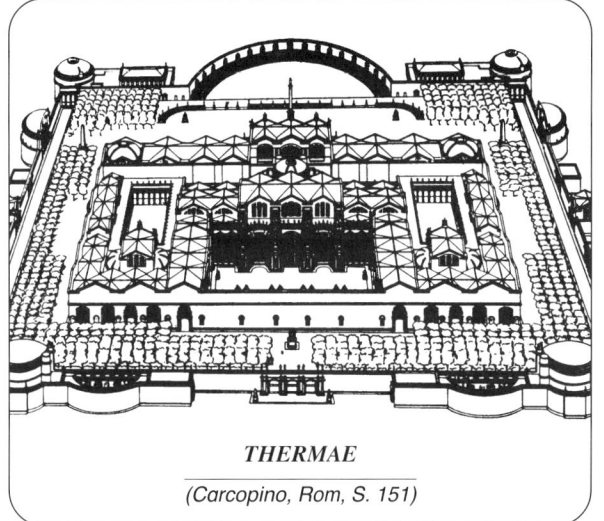

THERMAE

(Carcopino, Rom, S. 151)

CIRCUS

(Buchanan, Sports and Entertainment, S. 5)

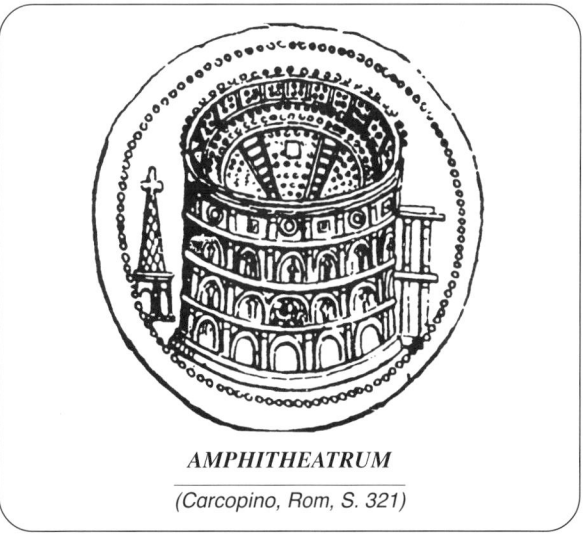

AMPHITHEATRUM

(Carcopino, Rom, S. 321)

AQUAEDUCTUS

(Forman, Die Römer, S. 43 f.)

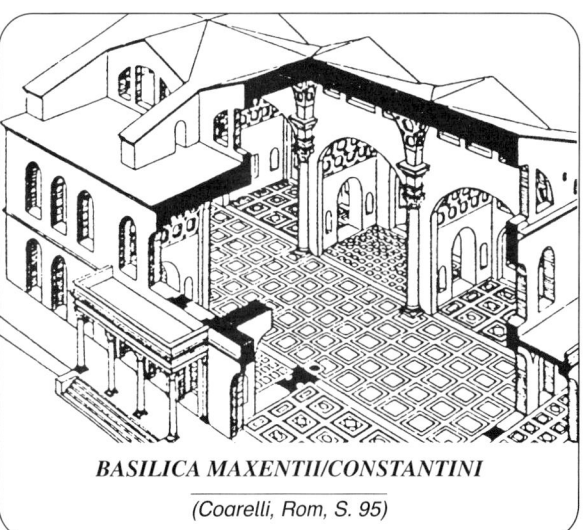

BASILICA MAXENTII/CONSTANTINI

(Coarelli, Rom, S. 95)

PROJEKTMAPPE: DIE RÖMERZEIT

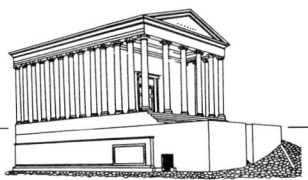

VERSORGUNG UND FREIZEIT (2)
GRUNDRISSE

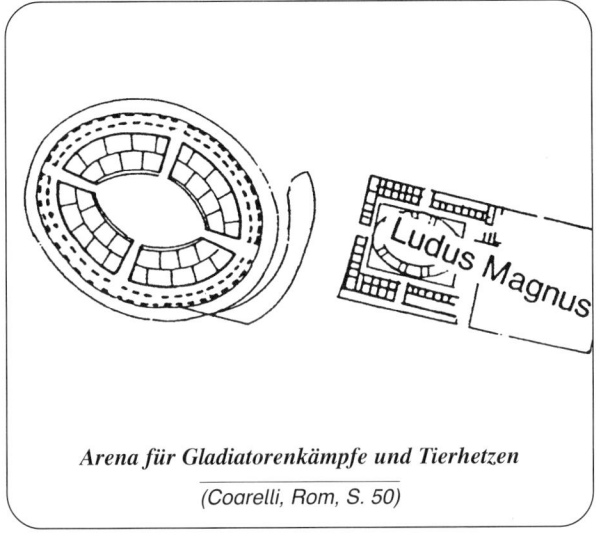

Arena für Gladiatorenkämpfe und Tierhetzen

(Coarelli, Rom, S. 50)

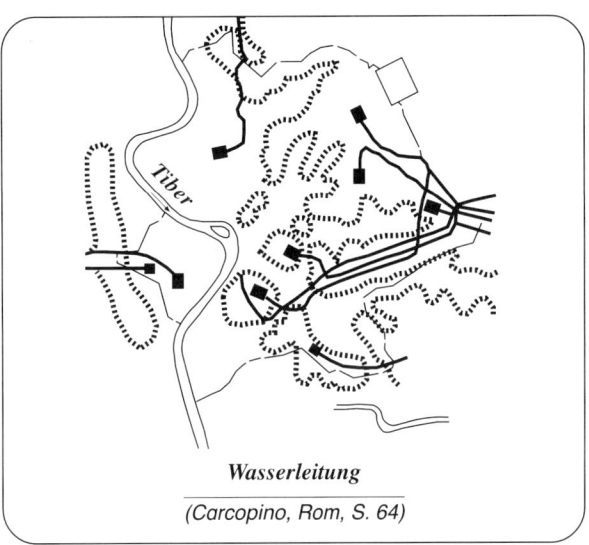

Wasserleitung

(Carcopino, Rom, S. 64)

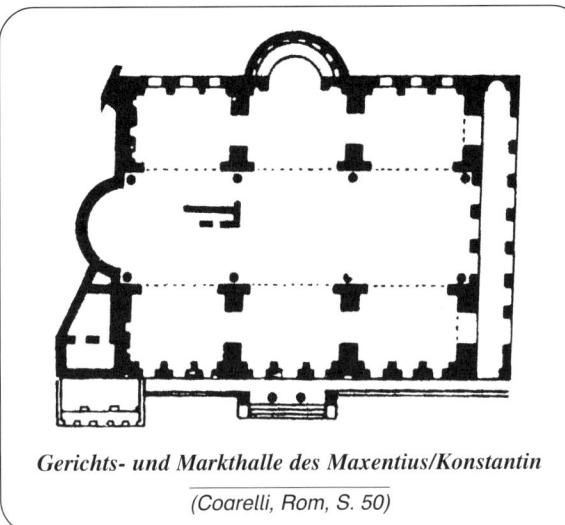

Gerichts- und Markthalle des Maxentius/Konstantin

(Coarelli, Rom, S. 50)

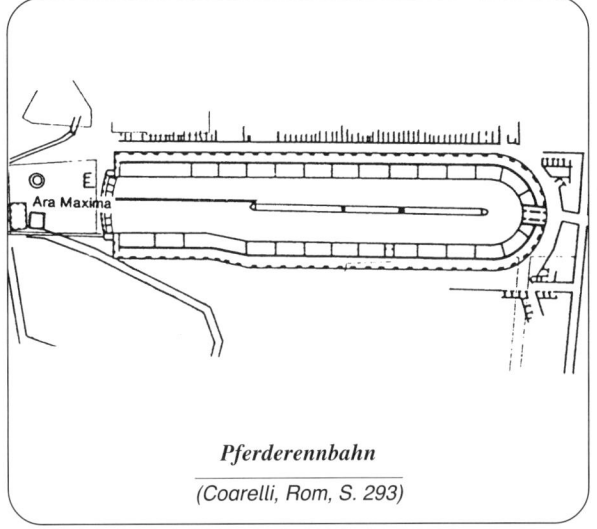

Pferderennbahn

(Coarelli, Rom, S. 293)

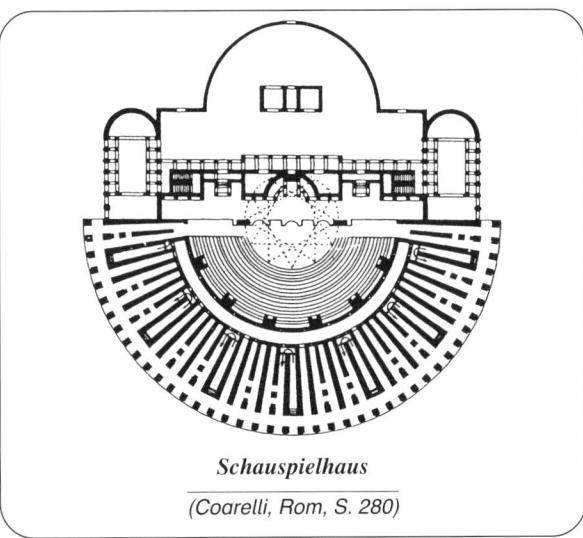

Schauspielhaus

(Coarelli, Rom, S. 280)

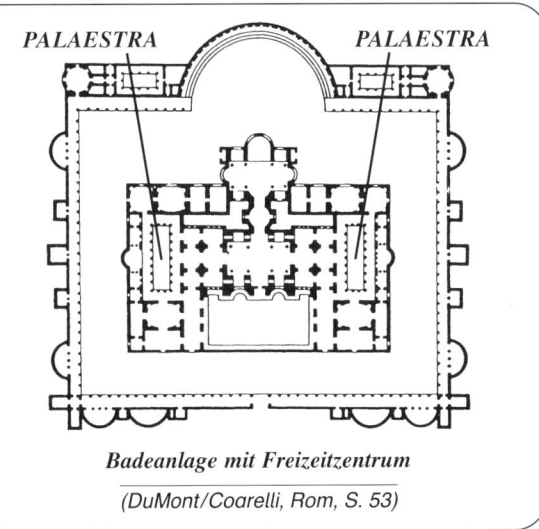

Badeanlage mit Freizeitzentrum

(DuMont/Coarelli, Rom, S. 53)

PROJEKTMAPPE: DIE RÖMERZEIT

98

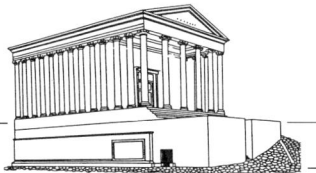
STAATSBAUTEN (3)
INFOKARTEN

CURIA
Sitzungssaal des Staatsrates

CURIA IULIA 54 v.Chr. als Ersatz für die
abgebrannte alte CURIA von Cäsar gestiftet,
von Augustus eingeweiht. Vorhalle, Nebenräume
und Sitzungssaal (Grundfläche: 27 x 18 m; 21 m hoch)
für die „Weltregierung": 300–600 Senatoren.
Podium für die zwei Regierungschefs (CONSULES)
und die Redner. Bronzeportal (Original heute
in St. Giovanni in Laterano).
Im Mittelalter zur Kirche umgebaut,
deswegen heute noch erhalten.
Vor der Curia: der alte Volksversammlungsplatz
(COMITIUM) und die Rednertribüne (ROSTRA).
Grab des Romulus und
„Nabel der Stadt" (UMBILICUS).

ROSTRA
Rednertribüne

ROSTRUM: eiserner Rammsporn eines
Kriegsschiffes, mit dem gegnerische Schiffe
leckgeschlagen und versenkt wurden.
338 v.Chr. erbeutete der Konsul Maenius
in der Schlacht von Antium die Flotte
der Latiner, ließ deren Schiffsschnäbel vergolden
und als Siegeszeichen an der Rednertribüne befestigen.
Augustus stellte hier einen Meilenstein auf, der die
Entfernungen zu allen Provinzhauptstädten zeigte.
Vor den ROSTRA lag der Volksversammlungsplatz
COMITIUM und ein altes Heiligtum mit dem Grab
des Romulus. Archäologen entdeckten hier
vorgeschichtliche Kultreste und die älteste
Inschrift Italiens.

TEMPLUM CAPITOLINUM
Kapitolstempel der Staatsgötter

Haupttempel des Imperiums
mit den drei Kulträumen (CELLAE)
für Jupiter, Juno und Minerva.
Grundfläche: 63 x 54 m.
Vorhalle mit 18 Marmorsäulen.
Ort des Staatskultes.
Tempelschatz mit Weihegeschenken, sakralen
Gegenständen für Triumphzug und Staatsakte.
Auf dem Nachbarhügel:
Tempel der Juno „Mahnerin" (MONITA)
und Münzprägestätte (daher „Moneten"!).
Zum Forum hin:
das Staatsarchiv (TABULARIUM) mit den
wichtigsten Dokumenten auf Bronzetafeln.

TEMPLUM SATURNI
Saturntempel mit Staatsschatz

Zweitältester Tempel Roms,
5. Jh. v.Chr.,
etruskischer Podiumstempel mit Säulenvorhalle.
8 ionische Säulen und der Giebel sind noch erhalten.
Im Podium die Staatskasse (AERARIUM).
An der Ostwand
Tafel für die Bekanntmachungen
des Senats und des Kaisers.
Saturn: Gott des Ackerbaus,
Herrscher des Goldenen Zeitalters,
Vater von Jupiter (Zeus).
Sein Fest: die Saturnalien 17.–19. Dezember.
Man beschenkte sich (wie Weihnachten!),
Herren und Sklaven tauschten die Rollen.

PORTA
Stadttor und Festung

387 v.Chr. nach dem Einfall der Gallier
wurde die servianische Mauer
durch einen weiteren Mauerring ersetzt.
Höhe 10 m, Stärke 4 m.
Rom wurde die größte unter Italiens befestigten Städten.
Kaiser Aurelian (270–275 n.Chr.)
erweiterte die Mauer auf 19 km
und verstärkte sie im Abstand von 100 Fuß (29,60 m)
durch Türme mit Schießkammern.
Großbauten wie die claudische Wasserleitung
und das Hadriansmausoleum wurden einbezogen.
Die fünf Haupttore wurden zu Festungen.
So konnte die PORTA APPIA noch
im 20. Jahrhundert militärisch genutzt werden.

MAUSOLEUM
Grabmal

MAUSOLEUM HADRIANI: Grabmal
des Kaisers Hadrian. 89 m großer, 18 m hoher Sockel,
darüber Marmorzylinder und Rundbau mit der Statue
Hadrians im Viergespann. Ein spiralförmiger Gang
führte hinauf zur Grabkammer (8 x 8 m).
Beisetzung der Aschenurnen Hadrians († 138 n.Chr.)
und der Nachfolger bis Caracalla († 217 n.Chr.).
Im 5. Jahrhundert n.Chr. einbezogen
in die neue Befestigung gegen die Goteneinfälle.
Im Mittelalter ausgebaut zur Festung der Päpste:
„Engelsburg" (ein Engel ersetzte die Kaiserstatue).
Vorbild: Mausoleum des Augustus († 14 n.Chr.).
Dort wurden die Familie des Augustus und
die Kaiser bis Nerva († 98 n.Chr.) beigesetzt.

PROJEKTMAPPE: DIE RÖMERZEIT

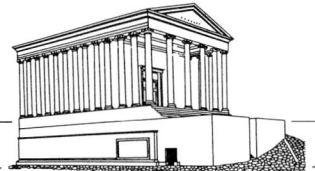

VERSORGUNG UND FREIZEIT (3)
INFOKARTEN

AMPHITHEATRUM
**Arena für Gladiatorenkämpfe
und Tierhetzen**

„Kolosseum" (nach der 32 m hohen Statue
des Sonnengottes), 79 n.Chr. von den Kaisern Vespasian
und Titus erbaut. Größtes Amphitheater der Welt:
188 x 156 m groß, 50 m hoch. 68 000 Plätze.
Kaiserloge, marmorne Ehrenplätze für die Senatoren.
Ganz oben Plätze für Frauen,
5000 Stehplätze für Arme und Sklaven.
240 Pfosten zum Aufspannen eines Sonnensegels
(VELUM). Gladiatorenkaserne. Kämpfe der Profis
für hohe Gagen, seltener als Todesstrafe
für Kapitalverbrechen („DAMNATUS AD BESTIAS:
Verurteilt zum Tod durch wilde Tiere").
Erinnerungsstätte an christliche Märtyrer.

AQUAEDUCTUS
Wasserleitung

11 große Trinkwasserleitungen mit täglich
über 1 Million m³ Wasser für Rom: ca. 1000 Liter
pro Person und Tag (doppelt so viel wie heute).
Von berühmten Familien gestiftet, z.B.:
AQUA APPIA: 312 v.Chr. von
Appius Claudius Caecus (Stifter der VIA APPIA);
AQUA CLAUDIA: 52 n.Chr. von Kaiser Claudius.
86 km lang, davon 10 km auf Bogenkonstruktionen,
184 000 m³ Wasser pro Tag.
Verteilung durch ein differenziertes System:
Obere Leitungen für Privathäuser, mittlere für
die Thermen, untere für die öffentlichen Brunnen.
Bei Wasserknappheit wurde zuerst
die Privatleitung geschlossen.

BASILICA
Gerichts- und Marktgebäude

BASILICA MAXENTII / CONSTANTINI:
Halle mit hohem Mittelschiff
und niedrigeren Seitenschiffen, 100 x 65 m.
Von Maxentius (Sohn des Kaisers Maximian) begonnen.
Nach dessen Niederlage an der Milvischen Brücke
(312 n.Chr.) von seinem Gegner Konstantin vollendet.
Überlebensgroßes Standbild Konstantins
aus Marmor und vergoldeter Bronze: Marmorkopf
2,60 m hoch (heute im Konservatorenpalast)!
Vorbilder:
BASILICA IULIA: 54 v.Chr. von Cäsar
aus gallischer Kriegsbeute finanziert.
Sitz der höchsten Reichsgerichte.
BASILICA AEMILIA: Börse u.a.

CIRCUS
Pferderennbahn

CIRCUS MAXIMUS:
von den etruskischen Königen angelegt (6. Jh. v.Chr.),
immer wieder umgebaut.
1000 Jahre größte Sportanlage der Welt:
600 x 200 m, über 300 000 Plätze.
Kaiserloge (PULVINAR) mit Zugang vom Palast.
Am Haupteingang ein Triumphbogen.
340 m langes Mittelpodest (SPINA) mit Heiligtümern,
Statuen, zwei Obelisken aus Ägypten.
7 Delphine und 7 vergoldete Eier zeigten die Runden an
(bis zu 24 Rennen pro Tag, im modernen Ascot 6!).
12 Startboxen, darüber die Loge des Veranstalters.
Die Stiftung von Circusspielen garantierte
Politikern Popularität.

THEATRUM
Schauspielhaus

MARCELLUS-Theater,
begonnen von Cäsar,
17 v.Chr von Augustus eingeweiht.
Benannt nach Augustus' früh verstorbenem
Neffen und Schwiegersohn.
15 000 Sitzplätze.
Säulengeschmückte Bühnenwand
(SCENA) aus Marmor.
Um die halbrunde ORCHESTRA
Ehrensitze für die Senatoren.
Oben Stehplätze für Arme und Sklaven.
1150 als Palast der
Patrizierfamilie Savelli umgebaut,
deswegen gut erhalten und noch bewohnt.

THERMAE
Badeanstalt mit Freizeitanlagen

Die Diokletians-Thermen waren die größte Badeanlage
der Welt. Freizeitpark (130 000 m²) mit Badegebäude
(Grundfläche: 250 x 180 m) für 3000 Besucher.
Schwimmbecken (50 x 20 m), 2 Sportplätze (70 x 40 m),
Sauna, Massage- und Arzt-Praxen, Kneipen, Läden,
Frisier- und Spiel-Salons, Bibliothek, Hörsäle, Theater.
Im Mittelalter in ein Kloster umgebaut.
Heute Thermenmuseum.
Der halbrunde Raum Nr. 13 (Theater?)
ist heute die große Piazza della Republica.
Das Kaltbad (FRIGIDARIUM)
ist Querschiff von S. Maria degli Angeli.
Auch in den Provinzen gab es große Thermen,
z.B. waren die Trierer Kaiserthermen
die fünftgrößte Anlage des Reiches!

PROJEKTMAPPE: DIE RÖMERZEIT

TIPPS UND PROJEKT-IDEEN

- **Größe der Monumente** aus den Textkarten entnehmen, einen Menschen im richtigen Maßstab neben das Gebäude zeichnen.

- Monumente auf dem Rombild S. 93 suchen und diese **bunt malen.**

- **Monumente-Memory** spielen: Karten verdeckt hinlegen. Je 2 Karten aufheben. Passende Paare behält man, andere legt man verdeckt zurück.

- **Terzett** spielen. Regeln wie beim Quartett-Spiel.

- Bilder auf DIN A3 vergrößern, mit Folie überziehen (laminieren) und als **Tischsets** beim nächsten Fest benutzen.

- Laminierte Bildkarten als **Untersetzer** benutzen.

- **Monumenten-Mobile** gestalten.

- **Poster malen:** Bilder mit OHP auf Plakatkarton an die Wand projizieren, nachzeichnen, bunt malen.

- **Maßstabsgetreue Zeichnungen** anfertigen: Vorderansicht und Seitenansicht getrennt zeichnen, im Winkel von 60° zusammenkleben.

- **Zeichnungen auf (Druck-)Folie** (silber & gold) übertragen, als Mobile gestalten.

- **Maßstabsgerechte Modelle** nach den Angaben herstellen. (nach dem „Goldenen Schnitt" bemessen. Länge : Breite : Höhe = 3 : 2 : 1). In einer Ausstellung präsentieren.

- Klasse am **Tag der Offenen Tür** als „Mini-Römerpark" einrichten: Umzugskartons / Große Kartons im Supermarkt besorgen, mit Tapete bekleben und als Römermonument bemalen. Bauten mit Inschriften versehen (Name des Bauwerks, Namen der Schüler, die es gemalt haben …).

- **Szenen erfinden und spielen:** Der Architekt bringt dem Bauherrn den Bauplan (Bild auf Tapetenrolle gemalt); sie besprechen die architektonische Ausführung, die Bedeutung für die Bürger. Die besten Stücke beim Schulfest/Elternabend vorführen.

- Bauten als **Mini-Bühne** gestalten, dazu Miniaturfiguren (S. 78).

- **Klasse als antikes Theater** einrichten und für Präsentationen benutzen: Halbkreisförmige Zuschauerränge um eine „Orchestra".

INFORMATIONEN ZUSAMMENSTELLEN UND PRÄSENTIEREN, Z.B. AUS:

Coarelli, Filippo:
Rom.
Ein archäologischer Führer,
Freiburg 1975 (Herder).
(Die beste Zusammenstellung von Informationen, Plänen, Rekonstruktionszeichnungen, Farbfotos).

Connolly, Peter /
Dodge, Hazel:
Die antike Stadt.
Das Leben in Athen & Rom,
Köln 1998 (Kösemann).
(Anschauliche Bilder und Rekonstruktionen.)

Liberati, Anna Maria /
Bourbon, Fabio:
Rom, Weltreich der Antike,
o.O. 1996 (Nebel Verlag),
ISBN 3-89555-102-3.
(292 S., mit zahlr. ausgezeichneten Farbfotos und Rekonstruktionen!)

SUCHBILD „UNSER RÖMISCHES ERBE"

Sieh dir mal die beiden Bilder an.
Sie sind fast gleich – bis auf ein paar kleine, aber interessante Unterschiede:
Auf einem Bild fehlen zehn Gegenstände.
Und zwar genau die, die wir von den Römern übernommen haben –
mitsamt ihren Bezeichnungen! Markiere die Gegenstände im Bild.
Wenn du alle zehn gefunden hast, geht es weiter – auf der nächsten Seite.

▶
Nordseite
des Forum
Romanum

(nach: Activity
Book Brit.
Museum,
S. 3)

SPRACHLICHES ERBE:
LATEIN – DEUTSCH

Hier die 10 fehlenden Gegenstände – *lateinisch!*
Wenn du das Deutsche daneben schreibst,
erkennst du sofort die Verwandtschaft.

1 BASIS:

2 INSCRIPTIO:

3 PAPYRUS:

4 PORTA:

5 QUADRIGA:

6 STATUA:

7 TABULA:

8 TEGULA:

9 TEMPLUM:

10 TUNICA:

DAS BILD AUF SEITE 102 ZEIGT DIE WICHTIGSTEN BAUTEN AUF DEM FORUM ROMANUM:

(A) Tempel der Staatsgötter Jupiter, Juno und Minerva.

(B) Staatsarchiv (TABULARIUM) mit den Dokumenten des Reiches.

(C) Gerichtshalle und Handelszentrum (BASILICA IULIA)

(D) Tempel des Saturn mit Staatsschatz und Nachrichtentafel.

(E) Tempel des Kaisers Vespasian

(F) Tempel der Concordia, in dem auch Senatssitzungen stattfanden.

(G) Republikanische Rednertribüne (ROSTRA)

(H) Triumphbogen des Kaisers Septimius Severus

(J) Volksversammlungsplatz (COMITIUM) zwischen ROSTRA und CURIA.

TIPPS UND PROJEKT- IDEEN

- **Lateinische und romanische Lexika vergleichen,**
z.B. Italienisch, Spanisch, Französisch!
Ihr werdet schnell merken, dass ihr ganz viel versteht,
wenn ihr Latein könnt!

- **Lehnwörter-Wettkampf:**
Welches Team findet die meisten Lehnwörter,
die aufs Lateinische zurückgehen?
(Material: Herkunftswörterbücher = Etymologische Lexika)

- **Römisches im Klassenzimmer suchen:**
Welche Gegenstände & Wörter haben wir
im Bereich Bildung von den Römern übernommen?

- **Bilderrätsel** „Römisches im Klassenzimmer" zeichnen.

- **Fachsprachen** (Medien, Technik, Medizin, Politik, Werbung …)
auf lateinischen Ursprung untersuchen.
(Material: Fremdwörterlexika)

INFORMATIONEN ZUSAMMENSTELLEN UND PRÄSENTIEREN, Z.B. AUS:

Huber, Heide:
Vom Kaiserpalast zur Schulklasse,
in: Der Altsprachliche Unterricht Heft 4,
1992, S. 29–42 (Friedrich Verlag,
Im Brande 15a, 30926 Seelze).
*(Römische Schreibstube mit vielen
Lehnwortbeispielen)*

Kytzler, Bernhard / Redemund, Lutz:
Unser tägliches Latein, Mainz 1997
(Zabern), ISBN 3-8053-1301-2.

Voss, Heinrich:
Mutter Latein und ihre Töchter,
Düsseldorf 1999 (Stern),
ISBN 3-87784-036-1.

LÖSUNGEN ZU DEN SEITEN 103/104

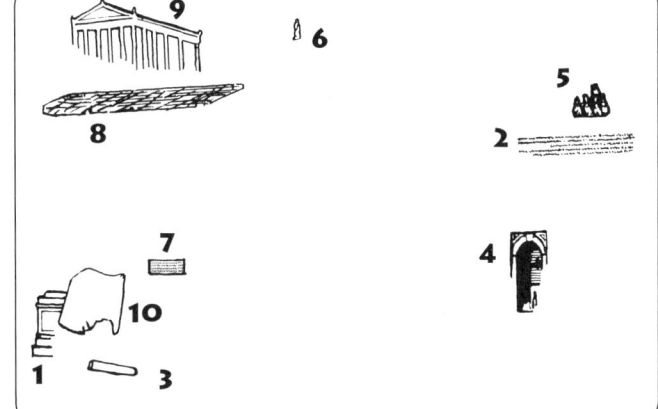

1 BASIS: Basis, **2** INSCRIPTIO: Inschrift,
3 PAPYRUS: Papier, **4** PORTA: Portal oder Pforte,
5 QUADRIGA: QUADRIGA (Vierergespann),
6 STATUA: Statue, **7** TABULA: Tafel, **8** TEGULA: Ziegel,
9 TEMPLUM: Tempel, **10** TUNICA: Tunika.

RÖMISCHE GESCHICHTE REIMEN UND RAPPEN

Könnt ihr euch Verse besser merken als Zahlen?
Dann macht doch mal Gedichte zur römischen Geschichte!

Alle erhalten die Geschichtsübersicht (S. 106–110)
und wählen ihre Lieblingsepoche aus.
Dann werden Teams gebildet,
die je eine Seite zum Reimen und Rappen erhalten.
Jedes Team stellt eine „Hitliste römischer Daten" auf,
reimt und rappt seine Hits!

Im Plenum werden die Hitlisten
mit Rap & Reim dann vorgeführt.

753
„SIEBEN – FÜNF – DREI:
ROM KROCH AUS DEM EI!"

476
„VIER – SIEBEN – SECHS:
DAS RÖMERREICH WAR EX."

ÜBERBLICK
ÜBER DIE RÖMISCHE GESCHICHTE (1)

VOR CHRISTI GEBURT

753 am 21. April Gründung Roms.
Festlegung einer sakrosankten (heiligen) Stadtgrenze (POMERIUM).

◀

*Priester ziehen die heilige Stadtgrenze
mit einem Pflug und weißen Rindern.*

600–510 Rom unter der Herrschaft der etruskischen Könige.

450 Das römische Recht wird geschaffen (Zwölftafelgesetze), das bis heute nachwirkt.

312 VIA APPIA (erste Fernstraße Rom–Capua) und AQUA APPIA
(Wasserleitung für Rom) von Appius Claudius Caecus gestiftet.

287 Ende der Ständekämpfe:
Die Plebejerversammlung wirkt an der Gesetzgebung mit.

270 Rom Herrin der gesamten Halbinsel Italia.

264–201 Punische Kriege: Rom kämpft mit Karthago um die Weltherrschaft.

218 Hannibal überquert die Alpen, zieht nach Süditalien.

216 Schlacht bei Cannae: Hannibal besiegt die Römer.

202 Schlacht bei Zama (Afrika): Scipio besiegt Hannibal.
Das Mittelmeer wird europäisch statt afrikanisch.

146 Griechenland wird die römische Provinz Achaia.
Griechische Kunst, Religion, Philosophie kommen nach Rom.

146 Karthago erhebt sich, wird dem Erdboden gleich gemacht.

133 und 123 Tiberius und Gaius Grachus aus der Adelsfamilie der Scipionen
kämpfen für Sozialreformen: Als Volkstribunen fordern sie u.a. Landzuteilung
an die Besitzlosen, die PROLETARIER (PROLES = die Nachkommenschaft).
Tiberius wird 133, Gaius 123 von Reformgegnern der Adelspartei ermordet.

113 Kimbern und Teutonen besiegen die Römer.

102 Marius besiegt die Teutonen bei Aquae Sextiae.

101 Marius besiegt die Kimbern bei Vercellae.

88 Bürgerkrieg zwischen Marius (Volkspartei Popularen)
und Sulla (Senatspartei Optimaten).

73–71 Sklavenaufstand unter Führung von Spartacus
(Kriegsgefangener, zum Gladiator ausgebildet in Capua).

67 Pompejus vernichtet die Seeräuber, die das gesamte
Mittelmeer unsicher machten.

ÜBERBLICK
ÜBER DIE RÖMISCHE GESCHICHTE (2)

60 1. Triumvirat: Cäsar, Pompejus und Crassus teilen die Herrschaft.

52 Cäsar besiegt bei Alesia die Gallier unter Vercingetorix,
ganz Gallien (Frankreich) wird römisch.

49 Cäsar überschreitet mit dem Heer den Rubicon
(Grenzbach zwischen Gallien und Italien): „Alea iacta est!"
Bürgerkrieg: Cäsar (Volkspartei) gegen Pompejus (Senatspartei).

48 Cäsar besiegt Pompejus bei Pharsalos.
Cäsar in Alexandria, liiert mit Kleopatra (19 J.),
Einsetzung als Königin von Ägypten (48–31 v.Chr.).

44 15.3. Cäsar (56 J.) von Brutus, Cassius u.a. Senatoren ermordet.
Cäsars Großneffe Octavian ist sein Erbe.

43 2. Triumvirat: Octavian (19 J.), Antonius und Lepidus.
Octavian verheiratet seine Schwester Octavia mit Antonius.

42 Octavian und Antonius besiegen die Cäsarmörder bei Philippi.
Octavian regiert den Westen, Antonius den Osten.
Antonius heiratet Kleopatra, regiert als orientalischer König.
Octavian erklärt Kleopatra den Krieg.

31 2.9. Octavian besiegt Antonius und Kleopatra bei Actium.

30 Octavian in Alexandria. Selbstmord Antonius und Kleopatra.
Octavian Alleinherrscher. PRINCEPS (Erster des Staates).

30 v.Chr. bis 68 n.Chr. Herrscherdynastie der Julier-Claudier:
Augustus (Octavian) & Livia, Tiberius, Caligula, Claudius, Nero.
Prachtvoller Ausbau Roms zur Marmorstadt.

27 Octavian erhält den Ehrennamen AUGUSTUS (der Erhabene).

19 Gründung Triers. Hauptstadt der Provinz Gallia Belgica.

12 Beginn der Germanenkriege unter Augustus' Stiefsöhnen Tiberius und Drusus.

7 oder 6 **Jesus geboren, Tod um 30 n.Chr.**

NACH CHRISTI GEBURT

9 Die Germanen unter dem
Cherusker Arminius vernichten
im Teutoburger Wald
die drei Legionen des Varus.

14 19.9. Tod des Augustus.

14–16 Feldzüge des Germanicus
gegen die Germanen.

17 Kaiser Tiberius gibt das rechtsrheinische Germanien auf.

◄
*Grabstein des
Marcus Caelius,
gefallen im Krieg
des Varus*

*(Rhein. Landes-
museum Bonn,
Horn, Die Römer in
Nordrhein-Westfalen,
S. 17)*

PROJEKTMAPPE: DIE RÖMERZEIT

ÜBERBLICK
ÜBER DIE RÖMISCHE GESCHICHTE (3)

50 Kaiser Claudius gründet über 20 COLONIAE (Bürgeransiedlungen), darunter Köln, Kaiserin Agrippinas Geburtsort.

69–96 Dynastie der Flavier: Vespasian, Titus, Domitian.

69/70 Kempten wird Hauptstadt von Rätien, später Augsburg.

70 Eroberung und Zerstörung Jerusalems durch Titus.

▲ *Heiligtümer aus dem Tempel von Jerusalem im Triumphzug des Titus*

(Reinach, Repertoire Reliefs I)

79 Der Vesuv verschüttet Pompeji und Herculaneum.

83 Kaiser Domitian sichert Main und Neckar durch den LIMES. Teilung Germaniens. Hauptstädte Mainz und Köln.

96–180 Adoptivkaiser: Trajan, Hadrian, Antoninus Pius, Marc Aurel.

100 Größte Ausdehnung des römischen Reiches.

122 Kaiser Hadrian verleiht Augsburg Stadtrecht.

179 Regensburg wird Legionsstandort.

212 Caracalla verleiht den freien Bewohnern der Provinzen das römische Bürgerrecht (CONSTITUTIO ANTONIANA).

270 Kaiser Aurelian vertreibt die Goten aus Italien, erweitert und verstärkt die Stadtmauer Roms.

293 Tetrarchie. Kaiser Diokletian teilt die Herrschaft: 2 Kaiser (AUGUSTI) – Diokletian im Osten, Maximinian im Westen (Mailand); 2 Vizekaiser (CAESARES) – Galerius im Osten, Constantius Chlorus im Westen (Trier).

305–312 Kämpfe der Nachfolger Diokletians.

ÜBERBLICK
ÜBER DIE RÖMISCHE GESCHICHTE (4)

312 Konstantin besiegt Maximians Sohn Maxentius,
seinen Schwager, an der Milvischen Brücke bei Rom.

313 Das Christentum wird als eine Religion unter anderen zugelassen.

330 Konstantin baut Konstantinopel als Hauptstadt des Reichs aus.

390 Kaiser Theodosius erhebt das Christentum zur Staatsreligion,
der Sonntag wird Feiertag.

395 Teilung des Reichs. Hauptstädte: Konstantinopel und Ravenna.

410 Die Westgoten unter Alarich erobern Rom.

451 Attila und die Hunnen ziehen trotz einer Niederlage auf den
Katalaunischen Feldern nach Rom. Papst Leo erreicht ihren Abzug.

455 Die Alemannen besetzen den Oberrhein. Die Franken erobern Köln,
plündern Trier. Ende der Römerherrschaft am Rhein.

476 Der letzte weströmische Kaiser Romulus wird vom Germanenkönig
Odoaker abgesetzt: Ende des weströmischen Reichs.

493 Der Ostgotenkönig Theoderich besiegt Odoaker bei Verona,
regiert den Westen von Ravenna aus.

▲ *Palast des Theoderich in Ravenna, Mosaik in der Kirche San Appolinare Nuovo*

(Koller, Orbis Pictus, S. 319)

1453 Ende des oströmischen Reiches: Konstantinopel wird türkisch.

RÖMISCHE STERNSTUNDEN UND KATASTROPHEN

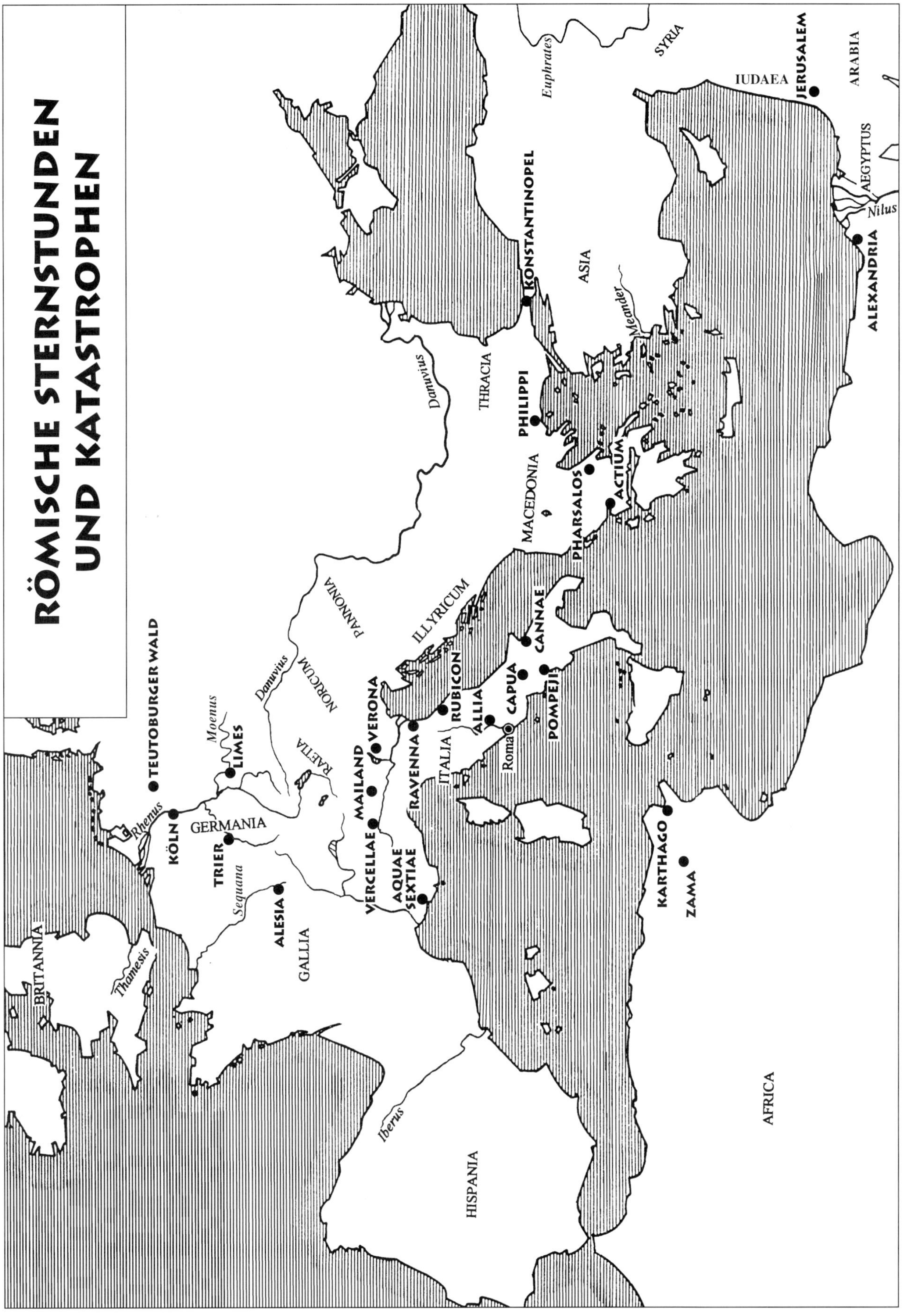

SYRIA
ARABIA
IUDAEA
JERUSALEM
Euphrates
AEGYPTUS
Nilus
ALEXANDRIA
KONSTANTINOPEL
ASIA
Meander
PHILIPPI
THRACIA
ACTIUM
MACEDONIA
PHARSALOS
Danuvius
CANNAE
ILLYRICUM
RUBICON
CAPUA
PANNONIA
RAVENNA
ALLIA
POMPEJI
NORICUM
VERONA
ITALIA
Roma
MAILAND
RAETIA
VERCELLAE
AQUAE SEXTIAE
LIMES
Moenus
TEUTOBURGER WALD
Rhenus
KÖLN
GERMANIA
KARTHAGO
TRIER
Sequana
ZAMA
ALESIA
BRITANNIA
Thamesis
GALLIA
AFRICA
Iberis
HISPANIA

TIPPS UND PROJEKT-IDEEN

INFORMATIONEN ZUSAMMENSTELLEN UND PRÄSENTIEREN, Z.B. AUS:

> → *Geschichtsbüchern*
> → *Geschichtsatlas*
>
> Deißmann, Marieluise:
> **Daten zur antiken Chronologie und Geschichte,**
> Stuttgart 1990
> (Reclam UB 8626),
> ISBN 3-15008628-0.
> *(Geschichte des Kalenders von den Mesopotamiern bis zu den Römern.*
> *Konsulatslisten.*
> *Die wichtigsten Geschichtsdaten von 509 v. Chr. – 493 n. Chr.)*
>
> Veh, Otto:
> **Lexikon der römischen Kaiser,**
> Zürich 1998 (Artemis),
> ISBN 3-7608-1207-4.
> *(Biographien sämtlicher Kaiser.)*

- **Karte** (S. 110) vergrößern und Geschichtsdaten eintragen.

- **Geschichte der Römer in Deutschland** aus der Übersicht heraussuchen, Angaben zu eurer Region ergänzen, z.B. Orte mit Römernamen, Denkmäler …

- **Daten-Reime erfinden,** z.B.:
  Eins – vier – sechs: Karthago ist ein Klecks. (146 v. Chr.)
  Vier – sieben – sechs: Das Römerreich ist ex. (476 n. Chr.)
  Vierundvierzig: Cäsar irrt sich. (44 v. Chr.)

- **Römische Geschichte als Bänkellieder verfassen und vortragen:**
  Geschichtsübersicht auf mehrere Teams aufteilen.
  - → **Bänkellieder** (s.u.) schreiben
    (je „schräger" gereimt, desto besser).
    Vorbild: „*Die Moritat von Macky Messer*"
    (aus der „*Dreigroschenoper*"
    von Bert Brecht / Kurt Weil):
    „*Und der Haifisch, der hat Zähne*
    und die trägt er im Gesicht.
    Und MacHeath, der hat ein Messer,
    doch das Messer sieht man nicht …"
  - → Schaurige **Bilder** auf Flip-Chart-Papier **malen.**
    Als Marktschreier verkleidet auf eine Bank steigen („Bänkelsänger"!), Bilder mit einem Stab zeigen.
  - → **Sprechgesang** zu Drehorgelmusik (Playback).
  - → Die besten Beispiele bei einem **Fest** präsentieren.

- **Geschichts-Quiz** veranstalten.

- **„Bilderbuch Römische Geschichte" gestalten:**
  Abbildungen zu den Fakten suchen, wie ein Fotoalbum gestalten.

- **Diskussion:** Für wen waren die Ereignisse „Sternstunden", für wen „Katastrophen"?
  Diskutiert aus unterschiedlichen Perspektiven.

BÄNKELLIEDER

„Zeitung" des Volks.
Seit dem 17. Jh. verbreiteten umherziehende Jahrmarktsänger „Nachrichten":
Sensationen und Schauergeschichten in Bild-Zeitungsmanier.
In Sprechgesang nach einförmiger Melodie, begleitet von einer Drehorgel,
trugen die Bänkelsänger ihre „Nachrichten" vor.
Dazu zeigten sie primitiv-schauerliche Bilder.
Am Schluss stand meist eine „Moral von der Geschicht".

Verlag an der Ruhr

www.verlagruhr.de

Laurie Carlson

Wir spielen Mittelalter

Eine Mappe zum Basteln, Malen, Kochen, Spielen, Lernen

Ab 8 J., 176 S., A4-quer, Pb.
ISBN 3-86072-380-4
Best.-Nr. 2380
19,60 € **(D)**/20,15 € (A)/38,20 CHF

Laurie Carlson

Wir spielen Griechen und Römer

Eine Mappe zum Basteln, Malen, Kochen, Spielen, Lernen

Ab Kl. 3, 71 S., A4, Papph.
8–11 J., 180 S., A4-quer, Pb.
ISBN 3-86072-480-0
Best.-Nr. 2480
19,60 € **(D)**/20,15 € (A)/38,20 CHF

Heide Huber

Lernspiele Römerzeit

Ab 10 J., 119 S., A4, Pb.
ISBN 3-86072-408-8
Best.-Nr. 2408
21,50 € **(D)**/22,10 € (A)/42,– CHF

Judith und Rita Breuer

Von wegen Heilige Nacht!

Das Weihnachtsfest in der politischen Propaganda

Ab 14 J., 218 S., 20x25,5 cm,
Hardcover, vierfarbig
ISBN 3-86072-572-6
Best.-Nr. 2572
20,40 € **(D)**/21,– € (A)/39,80 CHF

Vergangenheit macht Zukunft

Sally Elding, Phil Newton,
Rachel Prior, Lynda Richardson

Arbeitsblätter Geschichte:

Das alte Ägypten

Ab Kl. 5, 91 S., A4, Papph.
ISBN 3-86072-259-X
Best.-Nr. 2259
18,60 € **(D)**/19,15 € (A)/36,40 CHF

John Corn,
Sally Elding, Rachel Prior

Arbeitsblätter Geschichte:

Das alte Griechenland

Ab Kl. 5, 90 S., A4, Papph.
ISBN 3-86072-260-3
Best.-Nr. 2260
18,60 € **(D)**/19,15 € (A)/36,40 CHF

Markus Tiedemann

„In Auschwitz wurde niemand vergast."

60 rechtsradikale Lügen und wie man sie widerlegt

Ab 13 J., 184 S., 16 x 23 cm, Pb.
ISBN 3-86072-275-1
Best.-Nr. 2275
12,80 € **(D)**/13,15 € (A)/25,– CHF

Uwe Neirich

Erinnern heißt wachsam bleiben

Pädagogische Arbeit in und mit NS-Gedenkstätten Tipps, Infos, Konzepte

Ab 13 J., 189 S., 16 x 23 cm, Pb.
ISBN 3-86072-459-2
Best.-Nr. 2459
15,30 € **(D)**/15,70 € (A)/29,85 CHF

Verlag an der Ruhr

Bücher für die pädagogische Praxis

Postfach 10 22 51 • D–45422 Mülheim an der Ruhr
Tel.: 02 08/49 50 40 • Fax: 02 08/49 50 495
E-Mail: info@verlagruhr.de

Geschichte 4/02